Maskenbau und Maskenspiel

Vom Zauber der Masken

DIE ZEIT DES DRACHENS

„Da, ein wildes Lärmen, ein immer näherkommendes Brüllen und Schnauben: Der mehrköpfige Drache taucht auf, jagt um den Platz, tobt und lärmt. Wie magisch werden die Maskenwesen von dem Ungetüm angezogen; vorsichtig wagen sie sich in die Nähe des Drachens. Dieser hält plötzlich inne, wirft einen Wurzelstrunk in die Mitte der Lichtung und jagt mit einem tiefen Brüllen davon."

Kassel 1981

NIANGARO

„... erst jetzt begreife ich, was du mir damals begreifbar machtest. Ja, es ist ein gutes Gefühl, deinen aufrechten Gang zu spüren. Und auch das Bewußtsein, daß du dem Wort ANGST noch keinen Sinn gegeben hast."

Zürich 1983

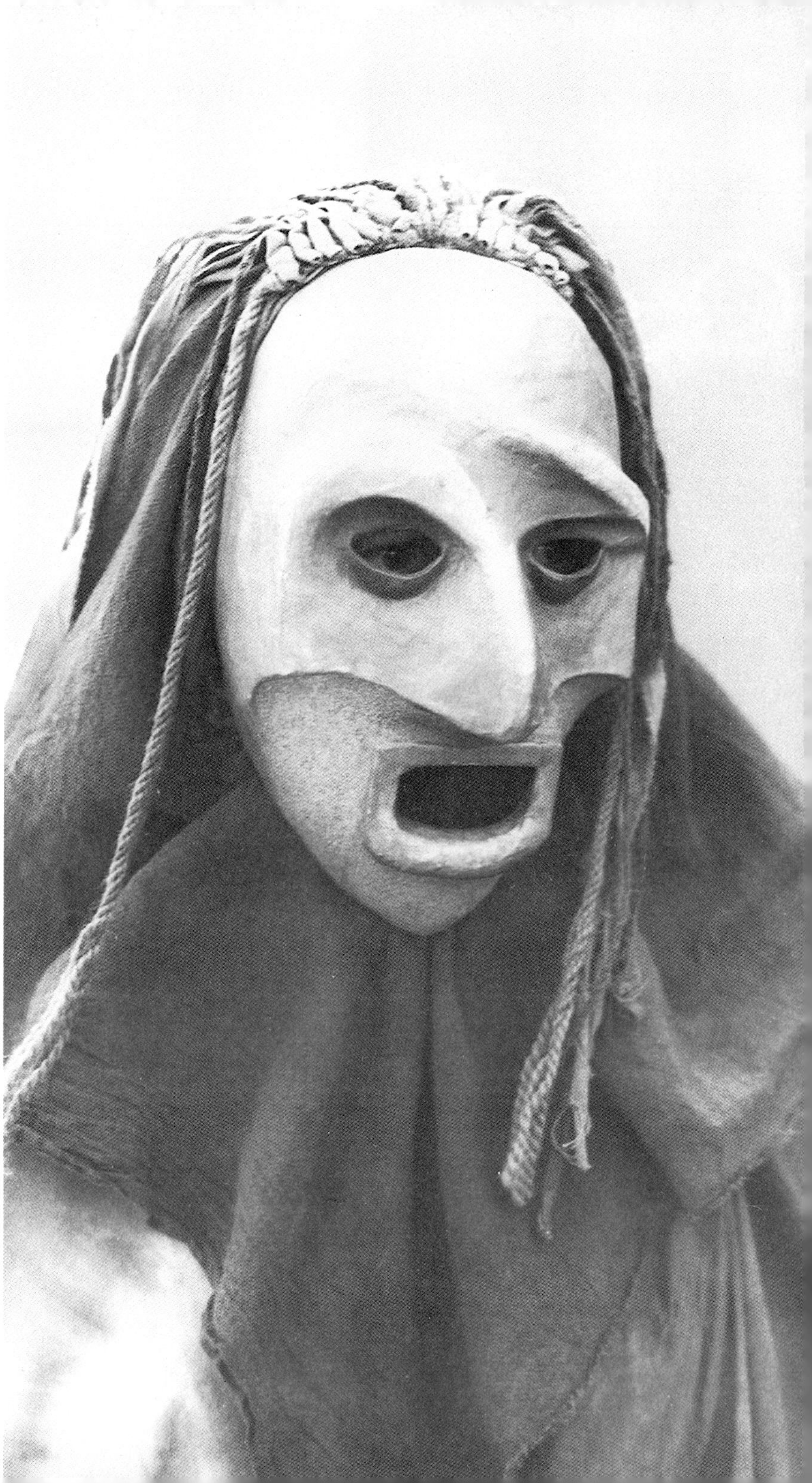

„Livendhar bewegt sich langsam zu einem Stein, der in seiner länglichen Form ein wenig seiner Maske gleicht und umfährt mit den Händen die Konturen der neuen Seelenbehausung.

Dann stellt er sich hinter den Stein, ßank-ßentoniak und Anachul stehen zu beiden Seiten des Steins. Nun folgen Wechselrufe und -gesänge jedes Dämons, von „Livendhar" geführt."

Bretagne 1981

FÜR JOHANNES SCHEIDNER

*„Mit nichts entblößt man sich so
wie mit Masken.
Nackt, um zu entschlüpfen.“*

JEAN GENET

2. Auflage September 1991
Gestaltung: Arnd Bentlin
Herstellung: Nieswand Druck

ISBN 3-922843-28-X

Christoph Riemer

Maskenbau und Maskenspiel

Eine Entdeckungs- und Verwandlungsreise

Moby Dick

Vorwort zur zweiten Auflage

Die Maske ist ein Sonderfall der Künste. Seit dieses Buch zum erstenmal erschien, hat die Faszination offenbar noch zugenommen. So habe ich das Buch durchgesehen und meine mehr als fünf Jahre zurückliegenden Arbeiten gesichtet. Auch wenn meine Erfahrungen mit Masken inzwischen zu neuen Ergebnissen führten, die man mit dem Stichwort „Maske und ihr zeitgenössischer Ausdruck" benennen könnte, so stellt dieser Band mit seinem Ansatz doch ein in sich stimmiges Bild dar.

Es ist ein Versuch, sich unter dem Aspekt der „individuellen Mythologie" (Harald Szeemann / dokumenta 1972) dem Phänomen der Maske anzunähern. Diesen Weg fand ich in vielen Gesprächen mit Leserinnen und Lesern bestätigt. Als dieses Buch entstand, war ich stark von ethnologischen Begegnungen angeregt worden, und so wird hier der magisch-rituelle Aspekt in der Maskenarbeit hervorgehoben.

Dafür steht beispielsweise die These: „Nicht ich bewege die Maske: die Maske bewegt mich". Inzwischen formuliere ich diese Grundannahme anders: Es scheint mir eher um ein Zusammenwirken zwischen Spieler und Maske zu gehen, ähnlich dem zwischen Reiter und Pferd.

Dieses Buch beschreibt Erfahrungen, die nach wie vor ihre Gültigkeit besitzen. Sie stammen aus der eigenen Arbeit mit Masken, die in Tänzen, Performances und anderen Produktionen ihren Ausdruck fanden. Sie resultieren auch aus jahrelangen Gruppenarbeiten in Kursen und Werkstätten.

Meine Vorgaben und Regeln sind Setzungen, die ihre subjektive Berechtigung haben. Und doch stellen sie nur eine von vielen Möglichkeiten dar. Sie sollen Anregung sein, nicht Gesetz; andere Möglichkeiten und Regeln sind genauso denkbar. Bekanntlich gibt es immer auch eine Gegenregel.

Eine Frage, die sich mir aus heutiger Sicht stellt: Was macht die Qualität in der Arbeit mit Masken aus? Vieles, was ich früher als stimmig und akzeptabel ansah, beurteile ich heute anders. Die Benennung von Qualität ist nicht statisch, sondern ein dynamischer Prozeß: Es geht um die „ästhetische Selbsterziehung“ (Rudolf zur Lippe). Die Frage nach der Übereinstimmung von Form und Inhalt und deren Wahrnehmung stellt sich immer wieder neu. Woran orientiere ich mich? Womit vergleiche ich meine Arbeiten?

Durch viele anregende Begegnungen mit Künstlern ist meine Entwicklung fort von der ethnologischen Faszination (bei der das FREMDE immer fremd bleiben wird...), fort vom „lyrischen Naturalismus“, wie es Chris Siebenrock treffend formulierte, hin zu freieren antinaturalistischen Formen gegangen.

Dabei hat sich das Spannungsfeld zwischen bildender Kunst und zeitgenössischem Tanz/Performance als außerordentlich fruchtbar für die Arbeit mit Masken erwiesen. Das FREMDE in unserer eigenen Kultur und deren Traditionen ist für mich ein enormer Reichtum, der meine Arbeit und damit die Frage nach ästhetischen Qualitäten zunehmend bestimmt.

Dieses Buch gibt Anregungen für eine Reise in die „Wildnis“ der individuellen Mythologie – nach wie vor ein bedeutsamer Schritt, um den authentischen Ausdruck innerer Bilder zu entwickeln.

Was kann danach kommen? Vielleicht die Reise in eine Landschaft europäischer Kunst und Kultur. Davon wird jedenfalls im zweiten Band zu lesen sein.

Paris im April 1991

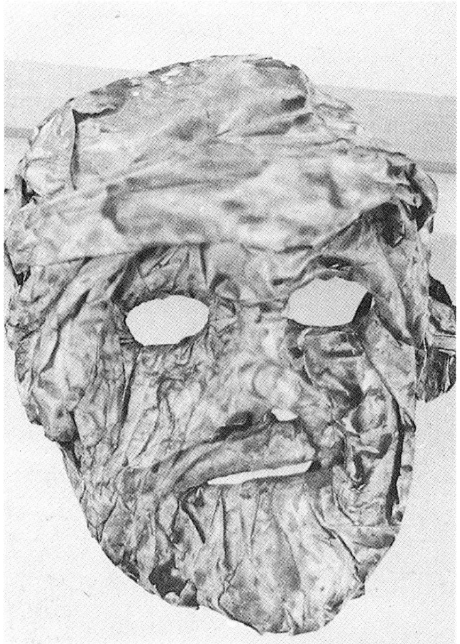
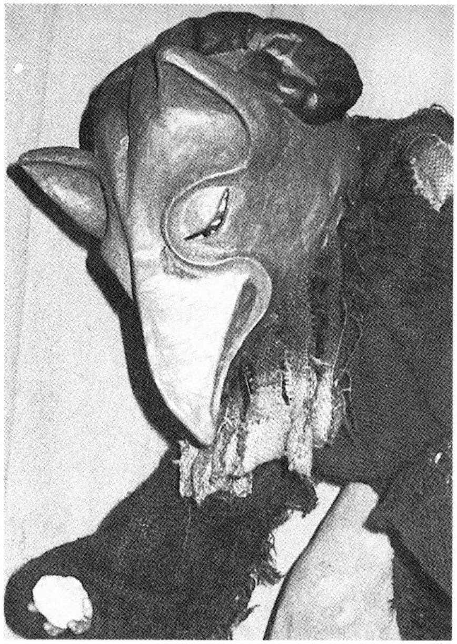

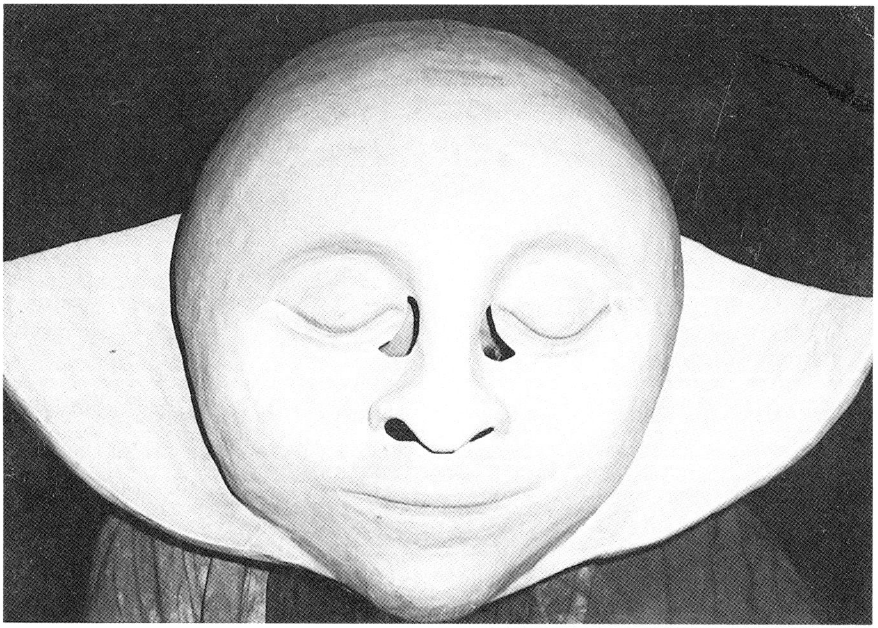

Einige Maskenwesen von Christoph Riemer

Zu seiner Maske kommen

Einladung zu einer Entdeckungs- und Verwandlungsreise

„Der wahre Reisende weiß nicht,
wohin die Reise geht,
der wahre Abenteurer weiß nicht,
was er erleben wird.
Seine Reise führt ihn nicht
eher in die eine Richtung
als in eine andere.
Seine Neugierde ist nicht
auf einen bestimmten Punkt gerichtet.“
Tschuangtse

Um eine Maske zu bauen, gibt es verschiedene Einstiegsmöglichkeiten. Irgendein Anlaß bewegt dich, eine Maske herstellen zu wollen. Die Technik der Herstellung wird dabei schnell zur wichtigsten Frage. Eine Maske ist allerdings mehr als nur eine technische Angelegenheit. Du willst mit ihr spielen, dich in sie verwandeln.
Deshalb finde ich es wichtig, den Weg *zu* einer Maske genauso bedacht zu gestalten wie den Weg *mit* einer Maske. Die Atmosphäre, in die eine Maske hineingestaltet wird, ist ausschlaggebend für ihre Beziehung zu dir.
Man könnte den Entstehungsweg einer Maske rein technisch betrachten, doch das ist nicht die Absicht dieses Buches. Angemessener ist es, dem Werdegang des Maskenwesens eine spielerische Idee zugrunde zu legen. Bau und Belebung der Maske könnte z.B. als eine Art Lebenslauf beschrieben werden oder als eine Begegnung. Ich habe für dieses Buch das Bild der Reise gewählt. Das heißt, alles, was du im Maskenbau und -spiel erleben wirst, beschreibe ich im übertragenen Sinne als eine Entdeckungs- und Verwandlungsreise, die bereits vor dem Bau der Maske beginnt. Du wirst sehen, die Parallelen zu dir bekannten Reisen sind verblüffend.

Die einzelnen Stationen dieser Reise sind in den Abschnitten des Buches ausführlich beschrieben. Hier nur einige grundsätzliche Überlegungen zu den Reisevorbereitungen:

Was brauchst du?
Wo soll das Ganze stattfinden?
und wie ist dieser Raum herzurichten und auszugestalten?
Wann soll der Aufbrauch sein?
Wieviel Zeit willst bzw. mußt du dir nehmen?

Schon bei diesen Vorüberlegungen beginnt

die *ERSTE ART* der Reise:
Du stellst dir vor, wie es werden könnte; du träumst den Aufbruch, die ersten Schritte in eine unbekannte Wirklichkeit.

Die *ZWEITE ART* des Reisens wird die tatsächliche Verwirklichung deiner Träume und Phantasien sein: Bau und Spiel der Maske. Dabei kommst du allerdings nicht weiter in das Reich deiner Träume, sondern die Wirklichkeit des Unvorhergesehenen, der Hindernisse und Abenteuer fordert ihren Raum.

Die *DRITTE ART* der Reise ist das anschließende Erinnern des Erlebten.

Doch zunächst muß der Aufbruch gestaltet werden; und wenn dich der Rausch der Abreise gepackt hat, nimmt dich deine Neugierde mit über die erste Grenze hinweg.
Die Wildnis (im Gegensatz zur gewohnten Zivilisation) hat ihre eigenen Gesetze, die du nun kennenlernen mußt, wenn du deiner Maske begegnen willst.

Dabei spielt das Vergnügen am Verändern eine wichtige Rolle. Öffnest du dich nicht dem Unbekannten, indem du Gewohntes hinter dir läßt,

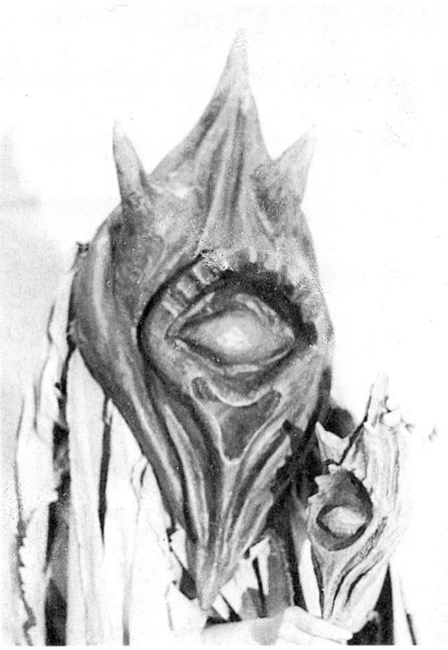
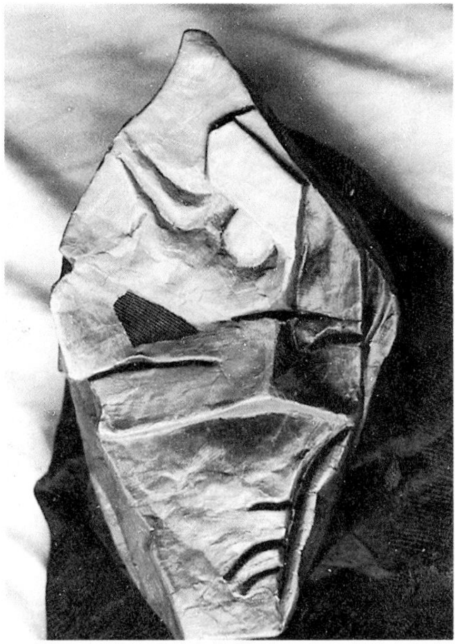

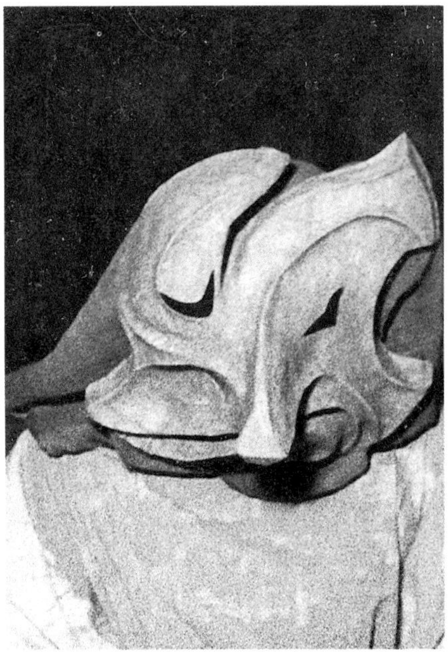

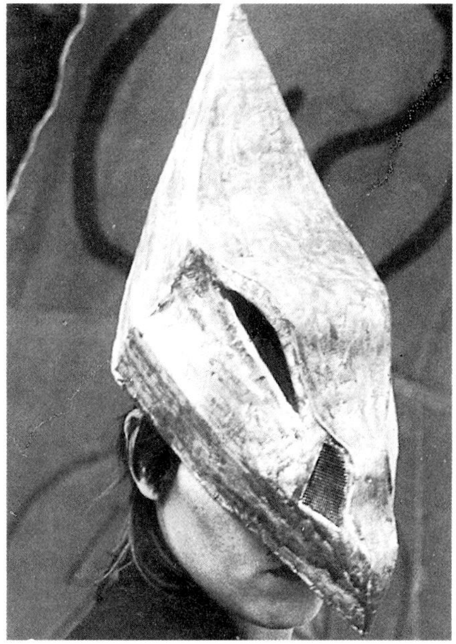
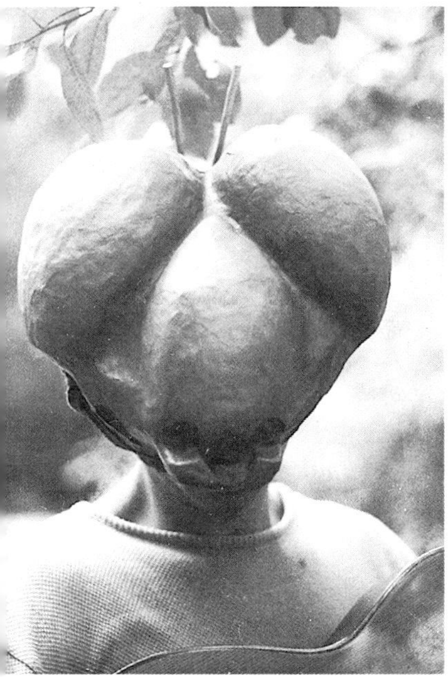

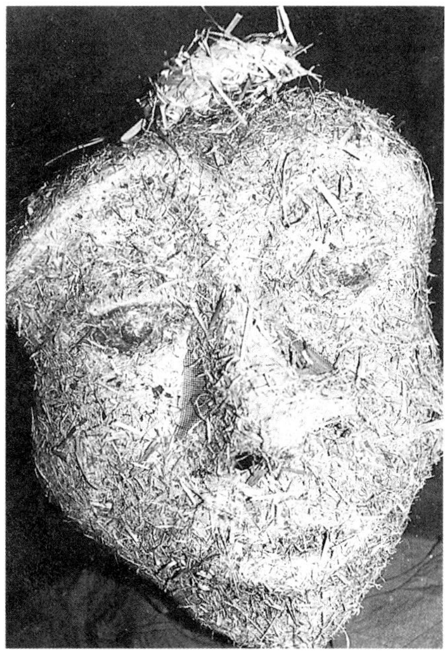

Arbeiten von Teilnehmern verschiedener Maskenkurse

entdeckst du nicht wirklich Neues. Die Kunst des Reisens mußt du entwickeln, um in unbekannte Regionen vorzudringen und dort deine Maske zu treffen.

Bedeutsam ist dabei deine innere Einstellung. Mit allen Sinnen wende dich dem Erscheinenden zu und versuche, dich so zu erweitern.

Sei nicht enttäuscht, wenn nach anfänglichem Schwung die ersten Durststrecken kommen. Zeiten der Langatmigkeit und der Langeweile sind der notwendige Preis für die spannenden Momente des Neuentdeckens, für die glücklichen Ergebnisse deines Tuns.

Ist deine Maske aufgetaucht und hat Gestalt angenommen, dann hab Ehrfurcht vor dem Fremden. Du hast dich in die Wildnis bis zu ihr vorgewagt und bist deshalb selbst der Fremde, der genauso ehrfürchtig behandelt werden will. Und je mehr du dieser Tatsache Rechnung trägst, desto mehr wird sich deine Maske dir öffnen, dich mitnehmen zu ungeahnten Möglichkeiten.

Von Station zu Station müssen Wege gefunden und Hindernisse überwunden werden. Nur wenn du dich ganz deiner Maske anvertraust, wird aus deiner Reise keine Irrfahrt, sondern eine wirkliche Entdeckungs- und Verwandlungsreise.

Deren Ende bringt dich schließlich wieder zurück an den Ort, an dem die Reise begann. Nur du bist jetzt jemand anderes, hast Erfahrungen und Entdeckungen gemacht, und neben dir liegt deine Maske, mit der du sofort wieder aufbrechen kannst in die nun nicht mehr ganz unbekannte Region.

Indem du abschließend deine Reise noch einmal erinnerst, entdeckst du bereits viele neue Einstiege zu weiteren Reisen. An welchem Scheideweg hättest du anders gehen sollen? Welche Schritte hättest du besser unterlassen und welche lieber getan?

Dieses abschließende Erinnern ist ein genauso wichtiger Teil wie die Entdeckung der Wildnis selbst, will man sich bei neuen Reisen nicht unnötig wiederholen.

Ob du nun allein zu so einer Reise aufbrichst oder mit anderen:

Die Reisen sind immer so verschieden, wie es die Reisenden sind.

Vorbereitungen

Bevor die Reise in die unbekannte Wildnis von Bildern und Phantasien beginnt, müssen noch einige Vorbereitungen getroffen werden.

Der Ort des Geschehens

Du mußt dir einen eindeutigen Bereich für das Entstehen der Maske suchen, an dem du (bzw. die Gruppe der Maskenbauer) *ungestört* arbeiten kannst.
Draußen eine Maske zu bauen ist eine großartige Möglichkeit – nur ist man leider selten allein. Vielleicht muß man eine sehr frühe Tageszeit wählen, um an einem „starken" Ort die Masken entstehen zu lassen.
In der Bretagne zogen wir – eine Gruppe von Maskenbauenden – vor Tau und Tag in die grandiosen prähistorischen Steinfelder von Carnac. Als die Dämmerung ihr erstes Licht ausbreitete, begannen wir zwischen den eindrucksvollen Riesensteinen unser Werk. Und als die ersten Touristen kamen, waren wir bereits wieder verschwunden.

Zum Arbeiten draußen empfiehlt es sich, die „Reise" zu unterteilen:

- Das Entstehen und Entwerfen, vielleicht noch das Weiterentwickeln und Ausformen der Maske geschieht an dem speziellen Ort; der Rest wird drinnen bearbeitet.

- Welcher Ort inspiriert dich?
- Wo kannst du dir vorstellen, deine Maske zu „empfangen"?
- Warum nicht an oder auf einem eindrucksvollen Baum?
- Warum nicht am Meer oder an einem Fluß?
- Warum nicht auf einem Berg, einer Anhöhe, von der aus du den Sonnenaufgang erleben kannst?
- Oder in einer Kirche, an Orten der Stille?

Manchmal habe ich zu Orgelimprovisationen des Hamburger Komponisten Claus Bantzer in einer Nische auf der Empore gesessen und seine virtuosen Klanggestaltungen in das Werden einer Maske einfließen lassen. (Daß er später dann eben dieser Maske eine weitere Improvisation schuf, war für mich ein großes Erlebnis und Geschenk.)
Natürlich sind auch ganz andere Orte denkbar – auf einer Verkehrsinsel, auf einem Schrottplatz, in einem Zugabteil.
Wichtig ist, daß man vorher möglicherweise eine Genehmigung einholt, damit man unbehelligt die Maske bauen kann. An öffentlichen Orten sollte man sicher nicht seine erste Maske bauen. Dafür ist ein ungestörter, sicherer Ort besser. Am besten wählt man einen privaten Raum. Er muß nur entsprechend hergerichtet werden. Sei es eine Ecke in deinem Zimmer, sei es in der Küche, im Keller, auf dem Boden/ Speicher oder in sonst einem speziellen (Werkstatt-) Raum. Die Raumgestaltung sollte zweckmäßig und atmosphärisch stimmig sein.
So braucht man ausreichend Licht! So braucht man die Möglichkeit, Dreck zu machen (z.B. kann man mit Packpapier, Segeltuch und Folien Räume, die dafür nicht vorgesehen sind, ganz einfach verwandeln.).

Arbeitest du lieber im
Hocken, – dann brauchst du einen Schemel und eine Kiste oder einen kleinen Tisch;
Sitzen, – dann einen Stuhl und einen normalhohen Tisch;
Stehen, – dann einen höheren Tisch (der mindestens eine Handbreit höher als dein Bauchnabel sein sollte – sonst mußt du dich zu sehr hinunterbeugen und bekommst Rückenschmerzen).

Deine weiteren Arbeitsmaterialien sollten in greifbarer Nähe ihren Platz finden.
Für deine Reise solltest du die notwendigen Dinge um dich herum haben, die eine dir gemäße Atmosphäre verbreiten (die sterile Einrichtung von Werkräumen ist für diese Arbeit zu wenig).
Es soll eben dein unverwechselbarer Ort des Geschehens werden.

- Vielleicht ist es ein schönes Tuch, was du dir an die Wand hängst?
- Vielleicht hast du von einem Spaziergang einen Zweig, einige Federn oder ähnliches mitgebracht?
- Vielleicht ist für dich eine Kerze wichtig – vielleicht ein spezieller Geruch?
- Vielleicht gibt es einen kleinen Text, ein Bild oder eine Zeichnung, die dich gerade beschäftigt?

Suche dir einige wenige und gezielte Dinge, die dich auf deiner Reise begleiten sollen.

So haben wir uns beispielsweise für den Weg zu einer Maske Begleiter zu den fünf Sinnen gesucht:

Tasten – eine Feder
(um den Tastsinn für das Formen mit Ton zu wecken)

Sehen – eine Blume
(um die Farbgestaltung und deren Übergänge für das Bemalen der Maske zu erfassen)

Hören – ein Metallstück und ein Stab
(um für das Belauschen der Maske und deren eigene Lautäußerungen sich einzustimmen)

Riechen – Rosmarin
(um mit dem Geruch die Maske zu erfreuen, ihr mit dem räuchernden Duft Lebendigkeit zu verleihen)

Schmecken – Obst
(um schließlich nach den ersten Tanz mit der Maske sich selbst zu erquicken)

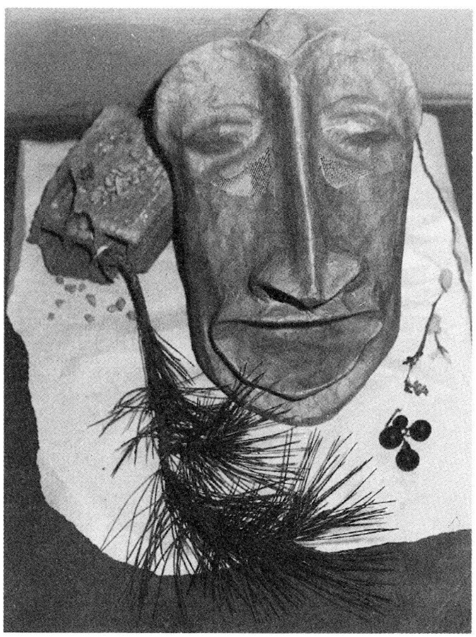

Du siehst, die begleitenden Dinge sollten schon einen bedachten Bezug für dich und deine werdende Maske haben. Nimm nicht irgendetwas – und vor allem: Nimm nicht zuviel, denn die Maske soll die Hauptsache werden und sein.

Übrigens:
Abbildungen von Ateliers und Künstlerwerkstätten können sehr anregend sein.

Abschließend zu deinem Ort:
Du mußt ihn so schaffen, daß er auch über einen längeren Zeitraum so bleiben kann – je nachdem wieviel Zeit du brauchst.

Der Zeit – Raum

Eine Maske in einem Schwung zu bauen, ist am besten. So beginnt man vor Tau und Tag, nachdem man am Abend vorher alles vorbereitet hat.

- Vor dem Frühstück wird die Maske entworfen
  dann ca. 1 Std. Weiterarbeit und Ausgestaltung
  dann (je nach Größe und Geschick) das Kaschieren mit Packpapier und Kleister (drei Schichten) bis zum Mittag
- während der Mittagspause trocknet die Maske im Backofen bei ca. 130° C (je nach Feuchtigkeit ca. 1 - 3 Std.)
- am Nachmittag:
  Vorbereitung der Halterung und der Farben
- ist die Maske trocken:
  Abnehmen der „Papphaut"
  Versorgen des Tons
  Randverstärkung
  Halterung anbringen
  Augenlöcher einschneiden
  Grundieren (innen und außen)
- nach dem Abendessen – aber unbedingt noch bei Tageslicht:
  die Bemalung
  weitere Gestaltung (vielleicht mit anderen Materialien)
  dann das Hintertuch anbringen und ein Gewand mit einem größeren Tuch andeuten.
- nach weiteren Vorbereitungen
  (die in den entsprechenden Kapiteln noch genauer beschrieben sind) tanzt die Maske noch am gleichen Abend!

Diese Eintagesreise ist sicher eine sehr gute Möglichkeit, eine Maske in Erscheinung treten zu lassen; mancher scheut allerdings zunächst vor dieser Intensität zurück. Andere Zeiteinteilungen sind genauso denkbar. Ein Eineinhalb-Stunden-Rhythmus mit größeren Pausen dazwischen ist eine ebensogute Möglichkeit.

Wichtig scheint mir ganz besonders für diejenigen, die mit der Arbeit an Masken beginnen, daß man sich feste Zeiten setzt.

So kann man typische Anfangsschwierigkeiten wie die, sich nicht für eine Form entscheiden zu können, relativ gut überwinden. Man baut immer weiter und ist schließlich über den Punkt einer möglichen Fixierung hinaus. Am Ende einer solchen Arbeitsphase klatscht man den Ton zusammen und hat fürs erste genug vom Maskenbau. Dabei sind während des Modellierens sicher einige Ideen entstanden, die ausgearbeitet zu einer interessanten Maske geworden wären.

Oder:

Steht viel Zeit zur Verfügung, wird der Anfänger genausowenig fertig, wie wenn „nur" wenig Zeit vorhanden ist. Die ersten Ergebnisse werden meist nicht viel anders – egal ob du zwei Tage oder eineinhalb Stunden gearbeitet hast.

Lange Zeiträume verführen dazu, weniger intensiv zu arbeiten – und fertig ist man sowieso nie. Masken sind fast immer „Zwischenergebnisse".

Gut ist es, sich einen Zeitplan zu machen und diesen auch einzuhalten.

Bei mehrmaligem Bauen wird man schon merken, welchen individuellen Rhythmus man bevorzugt.

Die Hilfsmittel

Im fortlaufenden Text werden für den jeweiligen Schritt die Hilfs- und Arbeitsmittel ausführlich erläutert. Am Ende des Buches befindet sich eine Seitenübersicht für eine zusammenhängende Materialliste.

Werkzeuge zum Arbeiten mit Ton
- ein Spachtel
- verschieden große Tonschlingen, auch Antragsschlingen genannt
- Modellierhölzer in verschiedenen Größen (beim Töpfer, im Keramik-

oder Hobbybedarf zu beziehen). Man kann sie sich aus Holz mit einem Taschenmesser und mit Schleifpapier sehr einfach selber machen.

- ein kleineres Wasserbehältnis und ein Naturschwamm zum Befeuchten und Glätten der Tonoberflächen
- ein Eimer mit Wasser sowie ein Wischlappen zum Abdecken des Tonmodelles
- eine einfache Handbürste und ein Handtuch zum Reinigen der Hände
- Bei empfindlicher Haut sollte man vor und nach dem Arbeiten mit Ton eine Handcreme verwenden. Ich nehme gern Johanniskrautöl.

All diese Hilfsmittel sind in Griffnähe am ***Ort des Geschehens*** bereitzulegen.

Das Arbeitsbrett

Die Größe richtet sich nach der geplanten Maske. Soll die Maske im Backofen getrocknet werden, darf natürlich das Brett nicht die Größe des Backbleches überschreiten.

Es soll die Stärke von 1,5 - 2,5 cm haben, denn Ton wiegt schwer. Bei dünnen Arbeitsplatten besteht die Gefahr, daß sie beim Transport der Maske brechen. Tischlerplatten eignen sich gut, ebenso ein entsprechend breites gehobeltes Brett (oder mehrere zusammengeleimte). Nicht geeignet sind Spanplatten oder furnierte Platten, da sie sich durch die Feuchtigkeit des Tons auflösen. (Man bekommt's beim Tischler oder im Heimwerkercenter).

Der Ton

Es gibt sehr unterschiedliche Möglichkeiten, Masken zu bauen – aus Holz, Metall, Leder, Stoff, Plastik, Gips und Gipsbinden usw.
Im Laufe der Zeit bin ich immer wieder auf das Modellieren mit Ton und das anschließende Kaschieren zurückgekommen. Nicht nur deshalb, weil es eine sehr einfache und billige Möglichkeit ist, sondern weil das Formen der Erde (und Ton ist eine Art Erde) sowie deren Rückgabe oder Weiterverwendung einem natürlichen Kreislauf entspricht (die fertige Maske ist nur die getrocknete Papierhaut; der Ton wird nicht weiter gebraucht).
Maskenbau hat für mich etwas mit diesem Kreislauf zu tun; daran teilzuhaben möchte ich dich einladen.

„Hände bauen Puppen. Es ist schwer, über Hände zu sprechen und weder ihre Muskeln noch den Segen, den sie langsam von Lehm und täglichem Leben empfangen, zu verstehen."
Peter Schumann
Bread and Puppet Theater

Hält man einen Klumpen Ton in der Hand, beginnt man sofort, ihn zu formen. In ihm selbst steckt die Aufforderung, gestaltet zu werden, sich ständig in neue Formen zu verwandeln.
So ist es nicht verwunderlich, daß in verschiedenen Schöpfungsmythen die Menschen aus Ton geschaffen wurden. Ton zählt zu einem der ältesten Werkstoffe der Menschheit.
Im Laufe eines langen Prozesses hat sich der Ton aus verwitterndem Gestein gebildet. Durch Hitze und Kälte, Wasser und Bewegung, Ablagerung und Druck wurde aus dem Gestein zunächst Kies, dann Sand und schließlich, aus staubfeinen Partikeln, Ton.

Ist Ton mit Sand und Humusresten gemischt, wird er Lehm genannt. Sicher ist es das beste, sich seinen Ton selbst aus einer Tongrube zu holen. Entweder fragt man nach einer Ziegelei, in deren Nähe meist eine Tongrube liegt, oder man sucht selbst in der Nähe von Kies- und Sandgruben nach lehmigen Stellen. Entweder liegt der Ton in loser Form an der Erdoberfläche (z.B. an einem Abhang unter dem Wurzelwerk eines Baumes – siehe Bild) oder man legt ihn mit dem Spaten frei. Dieser selbstgesuchte Ton hat meist genau die richtige Konsistenz; man kann ihn gleich verarbeiten.

Er muß höchstens von größeren Verunreinigungen wie Wurzeln, Blättern, Holzstücken, Steinen oder kleinen Tieren befreit werden. Dann knetet man ihn gut durch und kann mit dem Modellieren beginnen.
Sollte diese herrliche und billige Möglichkeit, seinen Ton selbst zu beschaffen, nicht gegeben sein, dann kann man ihn auch im Fachgeschäft erwerben – je nach Qualität bzw. Reinheit als Tonmehl oder als fertig gekneteten Ton.
Da der Ton beim Maskenbau nicht gebrannt werden muß, ist der einfache (nicht mit Schamott, Sand oder Quarz vermischte) ausreichend. Mehrfach in Plastik verpackt bleibt er lange feucht und damit zum Verarbeiten geeignet.
Bekommt man Tonmehl, muß man es ansetzen. Dafür gibt man es in eine große Schüssel oder Wanne und macht in der Mitte eine Mulde. In diese gießt man Wasser und wartet geduldig, bis der Ton es aufgesogen hat. Erst dann beginnt man zu kneten und mischt so lange Tonmehl darunter, bis der Ton nicht mehr an den Fingern klebt und sich gut formen läßt.
Er sollte aber nicht zu trocken sein, da er sonst leicht brüchig wird und damit zur Modellieren ungeeignet ist.
Für die richtige Geschmeidigkeit, eine notwendige Voraussetzung für das Gestalten einer Form, ist das optimale Verhältnis von Ton zu Wasser zu finden, das allerdings von Ton zu Ton verschieden ist. Deshalb muß man es einfach probieren.
Ist der Ton zu trocken, umhüllt man ihn mit feuchten Tüchern. So zieht er selbst wieder Wasser und wird geschmeidig. Einfaches Befeuchten und Kneten hat zur Folge, daß die Oberfläche schmierig wird, während er innen fest bleibt. Dadurch wird der Ton klumpig.
Kann man den Ton mit feuchten Tüchern nicht geschmeidig bekommen, sollte man ihn trocknen lassen. Dann schlägt man ihn mit einem handlichen Stein in Stücke und weiter zu Tonmehl. Das Ganze wird schließlich gesiebt und entsprechend neu angesetzt.
Ist der Ton zu feucht, d.h. wenn er in den Händen klebt, kann man ihn in flachen Lagen auf eine wassersaugende Unterfläche legen (z.B. Ziegel-

steine oder eine Gipsplatte). Die Feuchtigkeit sinkt langsam in das poröse Material und läßt den Ton trockener werden.
Ton ist ein lebendiges Material, das behutsam behandelt werden will. Zum Aufbewahren nimmt man entweder luftdicht verschließbare Behältnisse (wie Eimer) oder man versorgt ihn in einer Tongrube/Tonkiste, die man sich sehr einfach im Garten anlegen kann. Je nach Tonmenge wird eine Grube ausgehoben, mit Brettern verschalt (damit sich das Erdreich mit den Ton nicht vermischt) und mit einem Deckel möglichst dicht verschlossen.
Wenn man ihn ab und zu befeuchtet, kann man den Ton so gut aufbewahren.
Brauchst du nach dem Bau deiner Maske den Ton nicht mehr, dann bring ihn am besten wieder zurück an seinen Platz in der Erde. Damit schließt sich ein Kreislauf.

Unvermischter, „fetter" Ton eignet sich am besten
Wo?
TONMEHL bekommt man in einigen Baustoffhandlungen (handelsüblich sind 40 kg-Säcke)
GEBRAUCHSFERTIGEN TON erhält man bei Töpfern bzw. Keramik- oder Hobbyläden (Preise vergleichen)
NATURTON, der sehr schön für diese Arbeit und zudem kostenlos ist, sucht man draußen in der Natur

Einstimmung

Der Aufbruch

Nach den Vorbereitungen der äußeren Bedingungen geht es nun darum, sich die inneren zu schaffen; den Einstieg zu finden in die unbekannte Wildnis, in der du deine Maske treffen willst.
Wie bereits angedeutet: willst du etwas Neues entdecken und gestalten, mußt du Bekanntes hinter dir lassen, Gewohntes abstreifen, mußt möglichst leer und offen die Reise beginnen.
So wie ein Sportler seinen Körper durch ein vorbereitendes Training beweglich und warm macht, bevor er loslegt, so wie ein Sänger sich erst einsingen muß, so muß ein kreierender Mensch seine schöpferischen Energien durch eine Einstimmung zum Fließen bringen. Ist man eben noch von alltäglichen Querelen in Beschlag genommen, kann man sich unmöglich ohne Übergang in das unbekannte Reich der Masken begeben.
Deshalb laß dir ausreichend Zeit und nimm die Einstimmung wichtig! Schon die Vorbereitungen wie das Gestalten deines ORTES und das Bereitstellen der HILFSMITTEL sollten Teil der Einstimmung sein.
Willst du die Maske an einem langen Tag entstehen lassen, dann ist eine Einstimmung sowohl am Abend vorher als auch in der Nacht durch einen „Inkubationsschlaf" (was sich in diesem Fall nicht auf einen Krankheitserreger im Körper bezieht, sondern auf eine Art Tempelschlaf wie in der Antike, bei dem Heilung oder Belehrung durch das Göttliche erfahren wurde) ein wunderbarer Einstieg. Diesen Schlaf der Einstimmung sollte man unbedingt am ORT DES GESCHEHENS stattfinden lassen, was mit Schlafsack und Isomatte kein Problem ist.

Am Morgen beginnt man mit einigen erweckenden und belebenden Übungen; mit einfachen Stimmübungen und einem Gesang, der den Tag begrüßt. Und noch vor dem Frühstück entsteht im Ton der erste Entwurf der Maske. So ein Einstieg ist eine gute Möglichkeit, da der Übergang von Traum- und Tageswirklichkeit noch sehr fließend ist.
Eine andere Möglichkeit, sich auf den Maskenbau einzustellen, ist es, schweigend einen Spaziergang zu machen, nur zu lauschen und umherzuschauen, ohne die Aufmerksamkeit von etwas Bestimmtem einfangen zu lassen. So ein Spaziergang soll dich öffnen; dich und deine Wahrnehmung erweitern. Vielleicht stellst du dir eine Aufgabe für so einen Spaziergang. Suche dir für jeden deiner fünf Sinne einen „Begleiter" (s. S. 23), um später durch sie den Weg zur Maske zu finden.
Ganz anders ist die Einstimmung mit Musik. Eine passende Musik zu finden ist nicht einfach, denn sie muß für dich und deine Situation stimmen (um so schwieriger, wenn man sich zu mehreren einstimmen will!).
Es muß eine Musik sein, die ebenfalls öffnet und keine simplen Klischees widerspiegelt.

Phantasielandschaft in der ein Hinderniswesen auftaucht. Foto: Adam Erdberg

Diese Maskenwesen entstanden zur Musik „Tablet" von Meredith Monk

Um sich beim Modellieren der Maske nicht in den unendlich vielen Möglichkeiten zu verlieren, die der herrliche, geradezu wollüstig formbare Ton in sich birgt, ist es wichtig, sich ein Thema zu stellen.
Das kann eine äußere Formidee sein wie beispielsweise Tiere, Vögel, Viecher (ohne eine naturalistische Nachbildung anzustreben).
Masken zeugen von anderen Wirklichkeiten als denen, die uns umgeben. Ein Maskentierwesen ist etwas anderes als ein realistisches Tier!
Ein Thema kann genauso einer inhaltlichen Idee entstammen wie:

die vier Elemente
die Planeten
Hindernisse
Farben

oder mythischen und märchenhaften Zusammenhängen entspringen.
Gerade wenn man zum erstenmal an Masken arbeitet, sollte man eine Eingrenzung vornehmen – sonst springt man immer weiter und das Ergebnis (wenn es überhaupt zu einem kommt – ich erwähnte es im Zusammenhang mit der Zeitplanung bereits) ist beliebig, meist nicht neu und uninteressant.
Wie man sein Thema sucht, muß man selbst herausfinden. Wenn man länger schöpferisch arbeitet, kommen die Themen von selbst. Sie ergeben sich aus den Dingen, die einen bewegen.

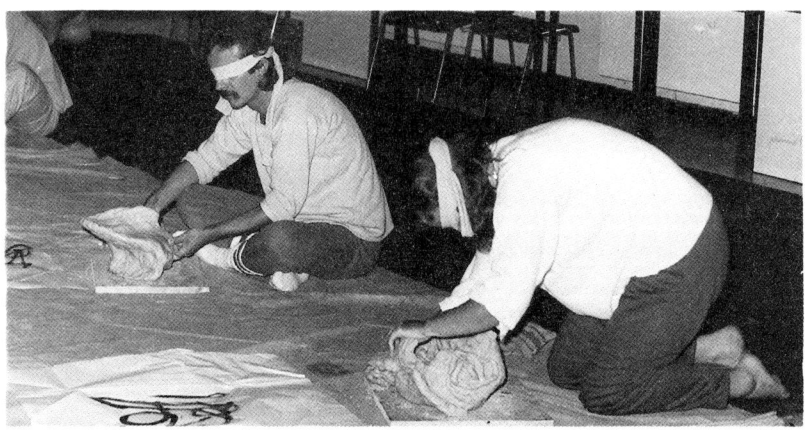

Ich folge den Steinen: mein Weg zur Maske

Bevor ich die Abschnitte dieser Entdeckungsreise beschreibe, habe ich sie selbst vollzogen. So entstammen viele Bilder dieser Arbeit.

„In der Ebenmäßigkeit und den launischen Wölbungen der Steine entdecken meine Träumereien die zusammenhängenden Archetypen, aus denen sich nicht etwa die Schönheit herleitet – ein jeder schätzt sie nach seiner historischen Situation ein –, sondern die dauerhaften Normen und die Idee der Schönheit selber, das heißt jenes unerklärliche und nutzlose Plus gegenüber der Vielschichtigkeit der Welt, das erst eine Unterscheidung zwischen Schön und Häßlich ermöglicht."
Roger Caillois

Ich fühle mich auf seltsame Weise von Steinen angesprochen. Sie üben einen starken Reiz auf mich aus und lassen etwas von einem anderen Zeitfluß ahnen. So lag es nahe, daß ich den „Weg mit dem Stein" wählte, um zu einer Maske zu finden.
Beim Spazierengehen hatte ich eine Kiesgrube entdeckt. Nach einigem Umherschauen fand ich einen Platz, der mich besonders anzog. Dorthin ging ich und schaute lange die umherliegenden Steine an. Bei welchem hatte ich das Gefühl, er schaut auch mich an?
Schließlich entdeckte ich ihn, halbverborgen in einer rostbraunen Sandschicht. Vorsichtig versuchte ich ihn zu lösen. Er wurde noch sehr fest vom Erdreich umklammert. Schließlich hielt ich ihn in der Hand, geborgen aus einer Erdschicht, die zufällig jetzt wieder an die Oberfläche getreten war. Wie einen geheimen Schatz trug ich ihn nach Hause, um ihn zu reinigen und genau zu betrachten.

Diesen Stein modellierte ich groß mit Ton nach. Dabei lernte ich seine Formen, Linien und Strukturen immer mehr kennen. Schließlich war der kleine Stein mit Ton leidlich nachgebildet.
Und diesen großen Ton - Stein belauschte ich so lange, bis er mir ein WORT sagte. Es war das Wort „*leicht*".
Damit hatte ich das Thema für meine Maske gefunden.

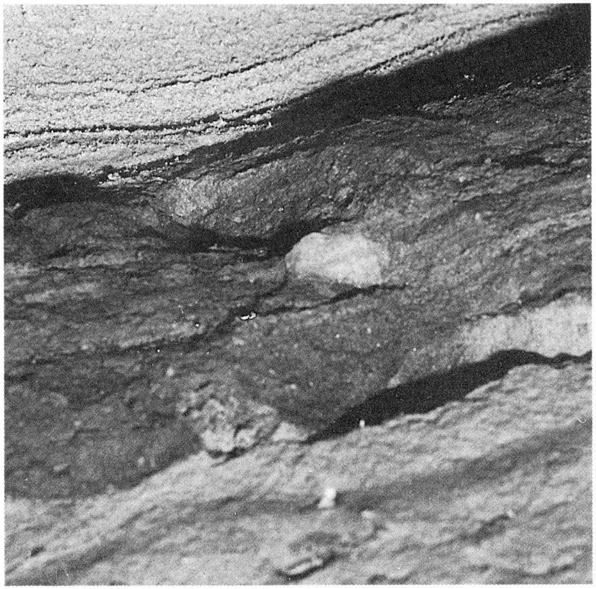

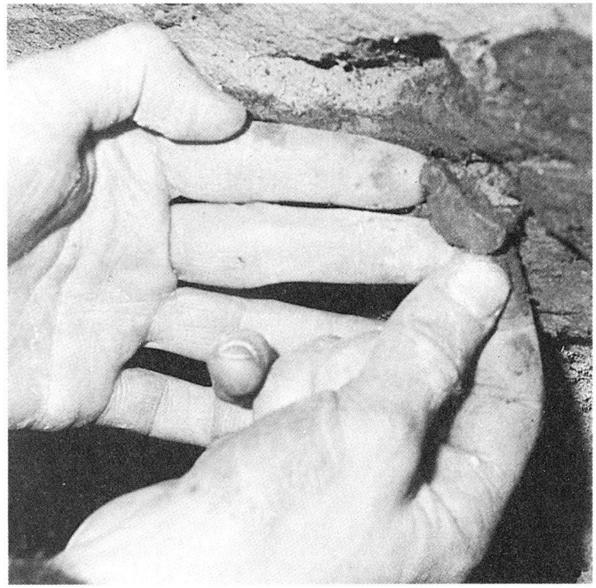

Entstehung der Maske

Der Reise erster Teil

Bei einer richtigen Reise gehen Reisefieber, Vorbereitungen, Aufbruch fließend ineinander über. Das liegt am Rausch der Abreise. Auch bei unserer „Reise" in das unerforschte Reich der Masken ist es so. Es packt dich ein immer stärker werdender Sog über die Grenze, die durch die Redewendung „aller Anfang ist schwer" markiert wird. Statt realer Landschaften durchwandern wir auf unserer Reise Bilder, Phantasien und Atmosphären, die im Modellieren des Tons ihren Ausdruck finden.

"Jede Maske, welche Besonderheit ihr auch immer zukommen mag, verkündet ihre NICHT-ZUGEHÖRIGKEIT zur alltäglichen Welt."

Mircea Eliade

Die Maske taucht auf

Du beginnst mit deinen Händen den Ton zu formen. Unter dem Eindruck des Themas, das in der Einstimmung auftauchte, beginnst du dich an die stoffliche Übertragung heranzutasten. Mit Tonstücken gestaltest du zunächst die groben Umrisse, die Konturen.
Dabei sollte man gleich soviel Ton auf sein Arbeitsbrett häufen, daß man mindestens die menschliche Kopfgröße erreicht, denn die Maske soll später vermutlich auf dem Gesicht getragen werden. Einen zu klein geratenen Maskenentwurf später „aufzublasen" gelingt meist nicht.
Hast du erst einmal einen rechten Tonberg in Bewegung gebracht, dann ergreift dich vermutlich die Lust am Formen; die Hände beginnen fast

von alleine Höhen und Tiefen im Ton zu gestalten. Und hier ist die erste Aufgabe, die sich auf der Reise stellt: aus der Fülle der Möglichkeiten, aus der verführenden und lustvollen Gestaltungslaune des Materials sich auf sein Thema zu besinnen und langsam die Form in diese Richtung zu bringen. So entsteht im Ton ein erster Entwurf, in dem die Maske bereits auftaucht.

Dabei ergibt sich meist folgendes Problem: Will man etwas aus dem Reich der Träume und inneren Bildwelten in die stoffliche Wirklichkeit übertragen, verwandelt man die Bilder in Materie. Und dadurch transformiert man sie.

Neben der Tatsache, daß man seine Fähigkeit zu modellieren genauso entwickeln muß, wie man beispielsweise zu schreiben gelernt hat, sind innere Bildideen häufig wenig konkret und von einer Atmosphäre, die in Ton übertragen nicht sichtbar wird. Es geht dabei um eine Annäherung von Idee, Absicht und gestalterischer Fähigkeit. Die Balance zu finden ist nicht ganz einfach, aber sehr reizvoll. Läßt man sich auf diese Auseinandersetzung ein, kommt man einen guten Schritt weiter in das Unbekannte; die Wegstrecke der zufälligen und beliebigen Formen wird überwunden.

Ist nun dein erster Entwurf entstanden und die Maske darin in Erscheinung getreten, dann mach eine Pause, um etwas Abstand zu bekommen.

Übrigens,
macht man längere Pausen zwischen den verschiedenen Schritten, sollte man den Ton mit einem nassen Tuch und bei größeren Zeitspannen mit einer Plastikfolie umhüllen, damit er nicht austrocknet.

Allein schon durch den relativ dichten Blickkontakt ergibt sich eine spezielle Sichtweise. Geht man einige Schritte zurück - und Masken werden später mit einem größeren Abstand betrachtet - sieht man möglicherweise vieles klarer; so kommt man auf dem Weg zur Eindeutigkeit der Maske weiter voran. Außerdem ist ein innerer Abstand ebenfalls hilfreich, um einen „objektiven“ Blickwinkel zu finden. Beispielsweise hat man bereits ausführlich an einem Detail modelliert und stellt bei abständigem Betrachten fest, daß genau dieses Detail verändert werden bzw. ganz weg muß. Diesen kritischen Abstand zu seinem Entwurf zu finden, fällt vielen schwer und ist trotzdem notwendig, will man tiefer in die Maskengestaltung einsteigen. Wie kann man seinen Maskenentwurf kritisch befragen?

– *Was ist aus dem Thema geworden?*
  Häufig ist es ganz in den Hintergrund gedrängt worden.

– *Welche Absicht und Idee wird sichtbar?*

– *Welches Thema hat sich möglicherweise eingeschlichen?*

– *Wie kann man zum ursprünglichen Thema zurück?*
  Ändert man das Thema, bleibt die Maskengestaltung zufällig und die Gestaltungsprobleme kommen später genauso auf einen zu.

– *Wie eindeutig und geschlossen ist der Entwurf?*
  Häufig findet man mehrere Maskenideen in einem Entwurf. Was kann man alles weglassen, und was soll verstärkt und ergänzt werden, um eine möglichst große Eindeutigkeit zu erzielen?

– *Wie ist die Ausführung?*
  Hier stellen sich zwei grundsätzliche Probleme des Maskenbaus:
  Es passiert immer wieder, daß eine Maske sehr flach gerät - sie hat kein Profil und kann damit nicht seitlich gespielt werden. Solche schildartigen Masken sind zwar möglich, sollten aber bewußt gestaltet sein, denn sie engen die Spielmöglichkeit erheblich ein. Es ist schwierig, die Höhen und Tiefen, also die dritte Dimension einer Maske zu entdecken. Bei zu flach geratenen Masken ist es hilfreich, unter den mittleren Teil des Tonentwurfes eine brotleibähnliche Tonmenge zu

Maskenentwurf von Birgit Böhmer

schieben; die Ausdrucksmöglichkeit eines Entwurfes verändert sich dadurch wesentlich.
Ein weiteres Problem:
Häufig werden Tonformen als Aufbau auf die Grundform gelegt, ohne

sich in die Gesamtform zu integrieren. So gibt es immer wieder Tonwürste als Nasen oder Mund. Eine Maske ist wie eine Landschaft, in der sich Höhen und Tiefen fließend miteinander verbinden. Aufgesetztes wirkt aufgesetzt!

– *Wie neutral ist der Ausdruck?*
Im Spiel mit der Maske sollte es später eine möglichst breite Palette von Ausdrucksmöglichkeiten geben. Die immer lachende (um nicht zu sagen: grinsende) Maske, oder die grimmige, traurige usw. kann im Grunde nur das sein und hat nicht die Fülle der unterschiedlichsten Ausdrucksmöglichkeiten.

Die Fähigkeit, seinen Maskenentwurf kritisch zu befragen, um damit möglichst eindeutige Ansätze für die Weitergestaltung zu bekommen, entwickelt man von Maske zu Maske. Vielleicht kann man Freunde zu Rate ziehen; vielleicht braucht man später ein qualifizierteres Gegenüber, um weiterführende Punkte herauszuarbeiten. Das muß man probieren und von der Frage abhängig machen, wieweit man sich auf diese Arbeit einlassen will. In den mir bekannten Veröffentlichungen über Maskenbau wird zu dieser Fragestellung nichts gesagt. Scheinbar reicht die Tatsache aus, daß überhaupt irgendeine Maske entstanden ist. Im Gegensatz dazu bin ich der Meinung, daß man sich mit seinen Maskengestaltungen nur entwickeln kann, wenn man sich auf Auseinandersetzungen um Eindeutigkeit und Qualität einläßt.
Nach der Pause und dem distanzierten Betrachten deiner Maske solltest du einige Ansatzpunkte zur Weiterarbeit herausgefunden haben; damit geht die Reise weiter.
Du arbeitest solange an deiner Maske, bis du den Eindruck hast, sie ist sichtbar geworden. Wieviel du von dir fordern willst und womit du zufrieden bist, mußt du selbst herausfinden. Vielleicht sollte man bei seinem ersten Maskenentwurf nicht zu kritisch sein; sie sind ja zunächst Kundschafter, die etwas von einer anderen Wirklichkeit ahnen lassen. Gute Erfahrungen machten wir bei den ersten Masken mit einer Zeitspanne

von zweimal einer Stunde, dann sollte die Form gefunden sein. Eine weitere Möglichkeit, von einem Thema zu einer bildhaften Idee zu kommen, ist das Skizzieren von Entwürfen auf Papier. Dazu muß man allerdings etwas zeichnen können. In der Reihung einiger Entwurfsskizzen kann sich eine Idee bereits vorab klären; man beginnt vielleicht eindeutiger mit dem Modellieren. Das Problem,die zweidimensionale Gestaltung (der Zeichnung) in die dreidimensionale (den Tonentwurf) zu übertragen, sollte man dabei nicht unterschätzen.

Und so ging es bei meiner Reise auf dem „Weg der Steine“ (s.S.39) weiter:

Nachdem mir der große modellierte Stein mit dem Wort *„Leicht“* das Thema gegeben hatte, war meine Aufgabe, das Wesen im Stein sichtbar werden zu lassen. Dazu öffnete ich den Stein (meinen „Stein“ aus Ton), stülpte quasi das Innere nach außen und schon wurde es sichtbar. Die verschiedenen Entwürfe sind der Versuch nach immer mehr Eindeutigkeit und Geschlossenheit. Wie LEICHT wird mein Maskenwesen?

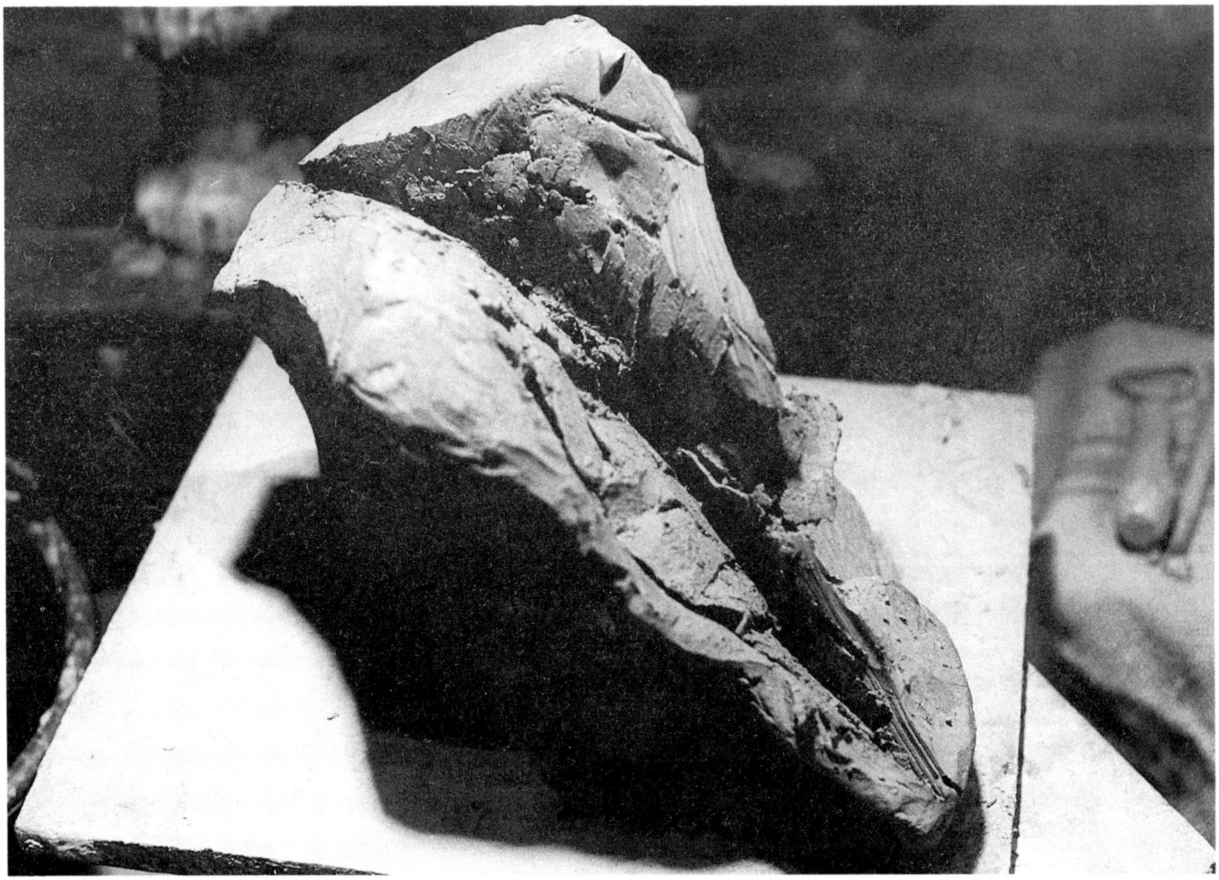

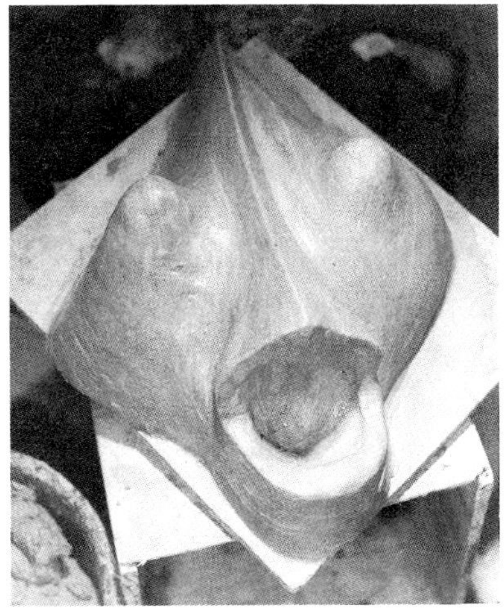
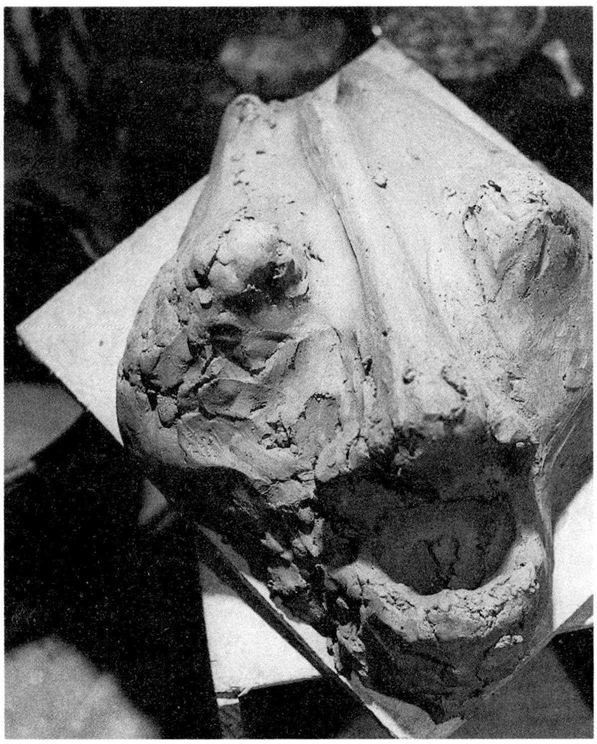
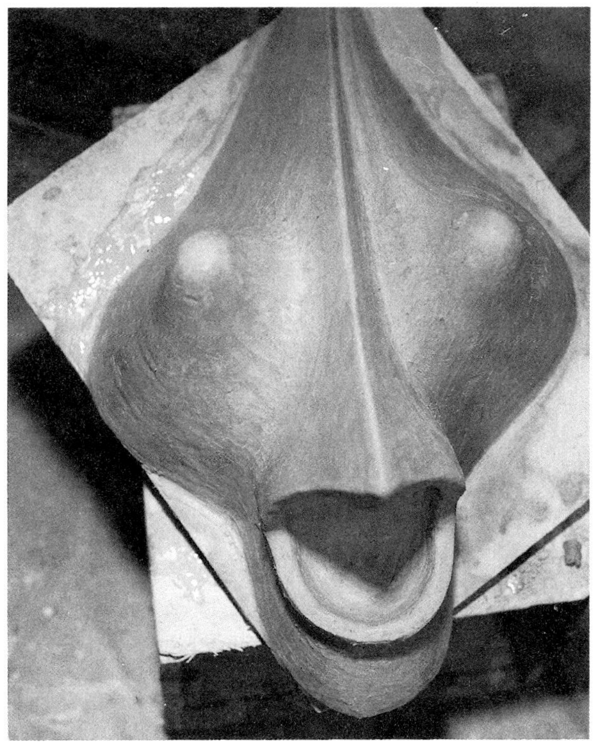

Das Anfertigen der Maske

Der modellierte Tonentwurf soll nun mit einer Haut aus Packpapier und Kleister überzogen werden. Getrocknet wird diese Beschichtung die Maske; der Ton bleibt zurück und kann später erneut verwendet werden.

Um die Formen und Konturen der Maske durch das Beschichten nicht abzuschwächen oder zu verlieren, muß man zunächst mit einer Tonschleife vom gesamten Ton eine Schicht von 2 - 5 mm abschälen. Vor allem die Linien und Vertiefungen müssen deutlich herausgearbeitet werden. Die Papierbeschichtung würde sonst die Konturen des Maskenentwurfes verwischen.[1)]

Nach dieser Konturierung liegt der Tonkern nun offen bereit, um mit der Papier-Kleister-Beschichtung bedeckt zu werden. Diese Tätigkeit nennt man kaschieren, was übersetzt verstecken bedeutet.

Die Hilfsmittel:

- dünne **Haushaltsfolie**
- **Schere**
- pro Maske ca. 1,5 l einfacher **Tapetenkleister,** der cremig angesetzt wird und den man mit einer Tasse Holzkaltleim (z.B. Ponal) vermischt. Damit wird die Haltbarkeit vergrößert. Den Kleister sollte man besser schon einen Tag vorher ansetzen, damit er zu Beginn des Kaschierens gut durchgezogen ist.
- zwei verschiedene Sorten **Packpapier**. Man braucht (je nach Größe der Maske) 1,5 - 3 m^2 kräftiges Packpapier sowie ca. 1 m^2 einer andersfarbigen Papiersorte. Damit wird die mittlere der drei Beschichtungen hergestellt.

1)
Dieses Herausarbeiten von Feinheiten und Vertiefungen entfällt, wenn man einen Gipsabdruck vom Tonentwurf herstellt. In dieses Gipsnegativ wird dann das Packpapier kaschiert.

Gut eignet sich braunes Natron-Packpapier 125 g. (BNI) und als Zwischenschicht das graue Maler-Unterleg-Papier. Es ist sehr saugfähig und läßt sich gut verarbeiten, reißt allerdings sehr leicht.
Sicher eignet sich auch Zeitungspapier, damit man bei der dritten Schicht deutlich erkennen kann, wo noch nicht kaschiert worden ist. Als einzige Papiersorte für alle Schichten taugt es nicht: Es ist viel zu dünn und reißt zu leicht.
Das Papier muß vorher in kleine Stücke gerissen werden, die etwa die Größe von zwei nebeneinanderliegenden Fingern haben.
Packpapier bekommt man im Papiergroßhandel oder Verpackungsfachhandel als Restposten meist relativ billig. Einzelne Bögen oder kleine Rollen in Schreibwarengeschäften sind meist zu dünn und vor allem viel zu teuer! Die größere Anschaffung einer Restrolle lohnt sich in der Regel.

- ein **Modellierholz** zum Anschmiegen der Beschichtung an engen Stellen
- **Handcreme** für empfindliche Hände. Bei längerem Arbeiten mit Kleister kann die Haut angegriffen werden.

Sind alle Hilfsmittel am ORT DES GESCHEHENS bereitgelegt, kann der nächste Teil der Reise beginnen. Das Kaschieren, bei dem man dreimal eine Schicht aus Packpapierschnipseln und Kleister über den Tonkern ziehen muß, wird häufig als eine Durststrecke der „Entdekkungsreise“ erlebt.
Mir geht es da anders. Ich erlebe das Kaschieren als ein stilles Begreifen der Maske, als eine wichtige Station, mich ihr zu nähern.
In jedem Fall sollte man zügig und in einem Schwung die drei Schichten über die Maske ziehen. Langsames und pausenreiches Arbeiten verlängert diesen Teil unnötig.
Ebenso wie man eine Reiselektüre für längere Strecken mitnimmt, kann man sich für diesen Teil eine spezielle Musik oder eine interessante Rundfunksendung anhören. Sie sollte allerdings im Bezug zur Entdekkungs- und Verwandlungsreise stehen, sonst wird man herausgerissen und braucht viel Kraft für einen neuen Einstieg. Man muß diese „Reiselektüre“ mit Bedacht auswählen.

Das Abdecken mit Folie

Bevor man den Tonkern mit Haushaltsfolie abdeckt, wird mit etwas Wasser und einem Schwamm die Tonoberfläche noch einmal gut befeuchtet. Dadurch haftet die Folie auch leichter auf dem Ton. Sie isoliert die Feuchtigkeit des Tons von der Maske und ermöglicht ein leichteres Lösen. Die Folie sollte in mehreren großen Stücken an die Tonform geschmiegt werden. Dabei spielen kleine Falten und Überlappungen keine Rolle . Wichtig ist nur, daß durch die Abdeckung keine Vertiefungen verloren gehen. Schließlich sollte der ganze Ton enganliegend abgedeckt sein.

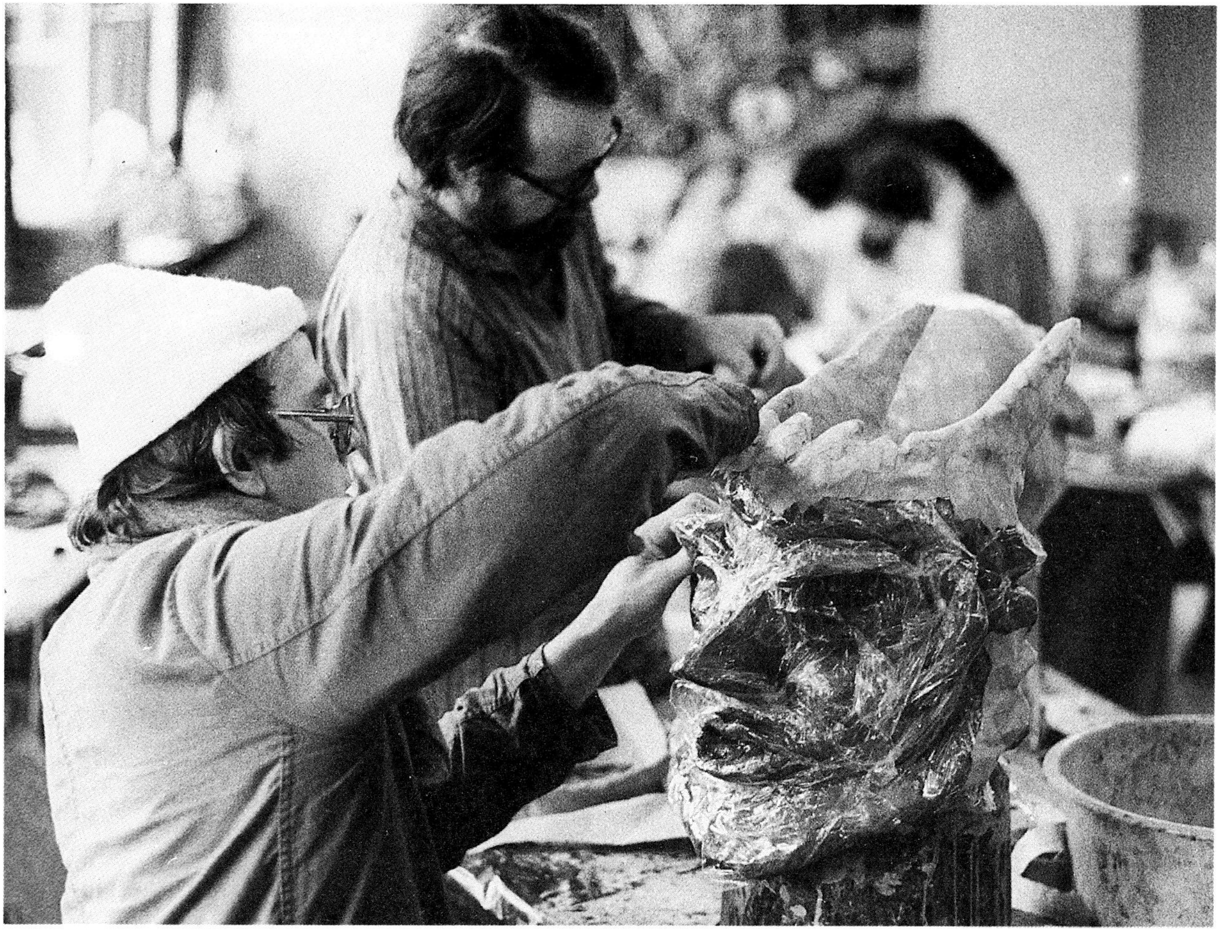

Das Kaschieren

Man beginnt an einem erhöhten Punkt der Tonform, streicht den Folienuntergrund mit etwas Kleister ein und fügt, gut überlappend, mehrere Papierschnipsel auf die Stelle. Von dort aus zieht man langsam die Beschichtungen über den ganzen Ton. Die Papierschnipsel müssen gut anliegend auf den Untergrund massiert werden, damit keine Hohlräume durch Luft- und Kleisterblasen entstehen. Je enger die Überlappung der Papierschnipsel geklebt wird, um so stabiler wird anschließend die

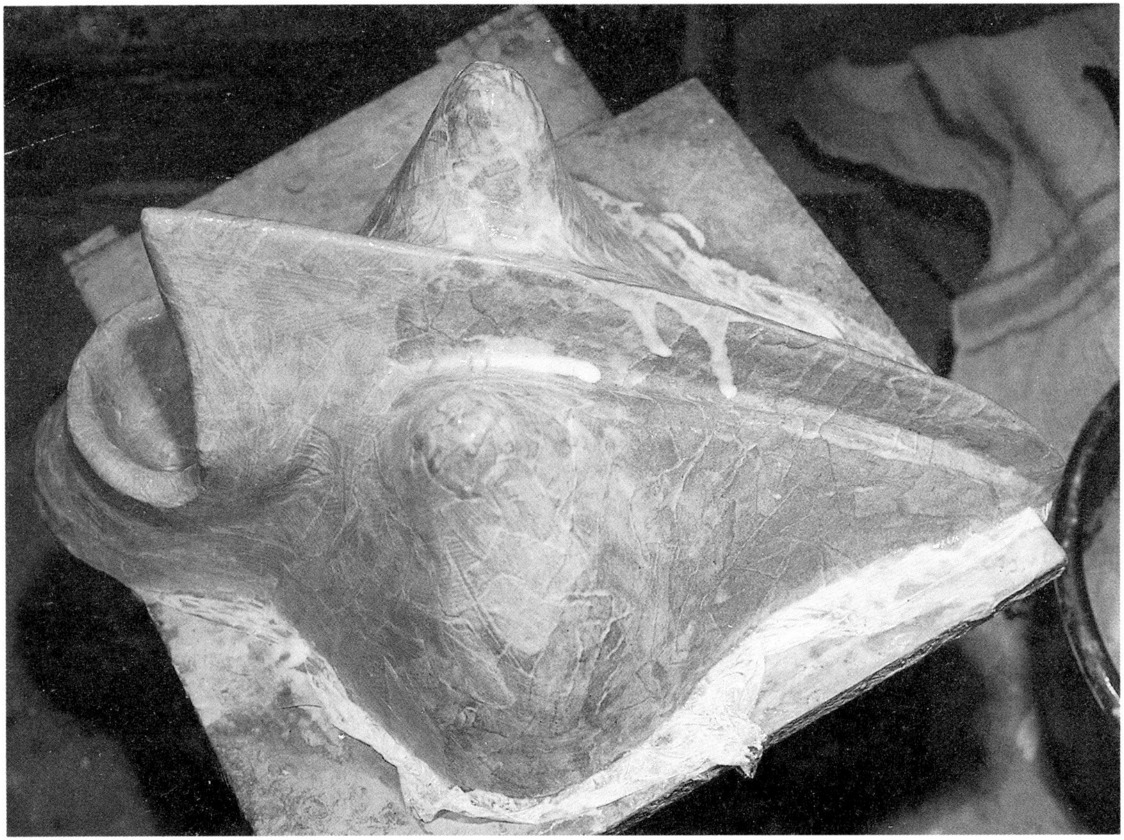

Maske. Im Zweifel immer noch einen Schnipsel drüberkleben! An feineren Detailstellen des Tonentwurfes muß man sehr geschickt mit möglichst kleinen Schnipseln die Konturen herausarbeiten. Dafür braucht man vielleicht das Modellierholz, um die Beschichtungen in engen Stellen gut anzudrücken. Zügig soll die Beschichtung über den Tonentwurf wachsen.
Die zweite Schicht mit andersfarbigem Papier braucht nicht so eng überlappend geklebt zu werden, da sie vor allem den Zweck hat, bei der dritten Schicht deutlich zu zeigen, wo noch nicht kaschiert wurde.
Die dritte Schicht schließlich wird wieder engüberlappend mit dem gleichen Papier wie bei der ersten kaschiert.

Anschließend verstärkt man den Rand, indem man zusätzlich eine Schicht Papierschnipsel außen herum klebt. Abschließend massiert man die drei Schichten mit etwas Kleister eng an die Tonform an, um Blasenbildung zu vermeiden.
Feinere Konturen werden mit dem Modellierholz vorsichtig nachgezogen, damit sie deutlich herauskommen.
Wieviel Kleister man beim Kaschieren benötigt, muß man ausprobieren. Es sollte so wenig wie nötig sein, aber doch so gut klebend, daß keine Schnipsel abstehen.
Kaschiert man zu feucht, dauert das Trocknen entsprechend länger.

Das Trocknen

Hat man vor, die Maske an einem Tag entstehen zu lassen, und es scheint gerade keine heiße Mittagssonne, kann man die Maske in einen Backofen schieben, den Thermostat auf ca. 130 °C stellen und die Ofenklappe nicht ganz schließen, damit die verdunstende Feuchtigkeit entweichen kann.
In Häusern mit größeren Küchen gibt es meistens Wärmeschränke für Speisen. Die eignen sich vorzüglich zum Trocknen (gerade auch, wenn mehrere Masken in einer Tagesfrist entstehen sollen). Saunaräume eignen sich ebenfalls bestens.
In guttemperierten Räumen trocknen Masken normalerweise in zwei bis drei Tagen. Heizungskeller bieten sich dazu an; man muß nur Sorge tragen, daß die noch feuchten Masken vorsichtig herumgetragen werden. So ein ORT muß verschließbar sein und sollte nicht von neugierigen Fremden aufgesucht werden. Die Masken sind noch sehr empfindlich und leicht verletzbar!
Ob eine Maske trocken ist, erkennt man daran, daß die Vertiefungen nicht mehr dunkel und feucht sind. Im Zweifel sollte man lieber etwas länger warten, weil eine noch feuchte Maske beim Abnehmen leicht die Form verliert.

Das Abnehmen

Zunächst löst man mit einem Spachtel oder Tonmesser den Tonkern vom Arbeitsbrett, indem man vorsichtig unter die Ränder der Maske fährt. Man lockert dann die Ränder der Maske und versucht, mit leichten Schlägen den Ton zurückzuschieben, um zwischen Maske und Tonkern greifen zu können. Ist die Maske kegelförmig aufgebaut, ist es meist kein Problem, sie vom Ton abzuheben. Verbleibende Tonreste kann man leicht mit den Fingern und der Tonschleife lösen. Verjüngt sich al-

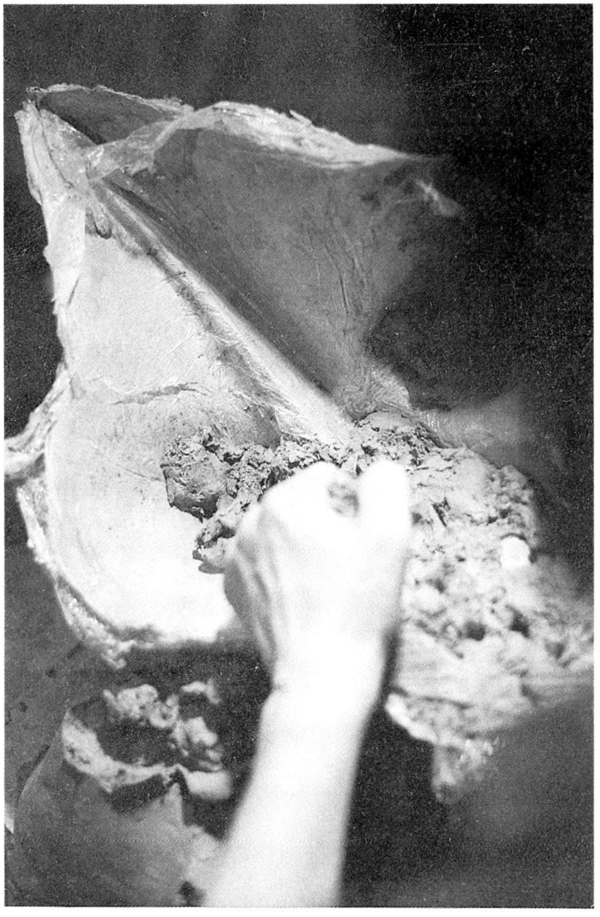 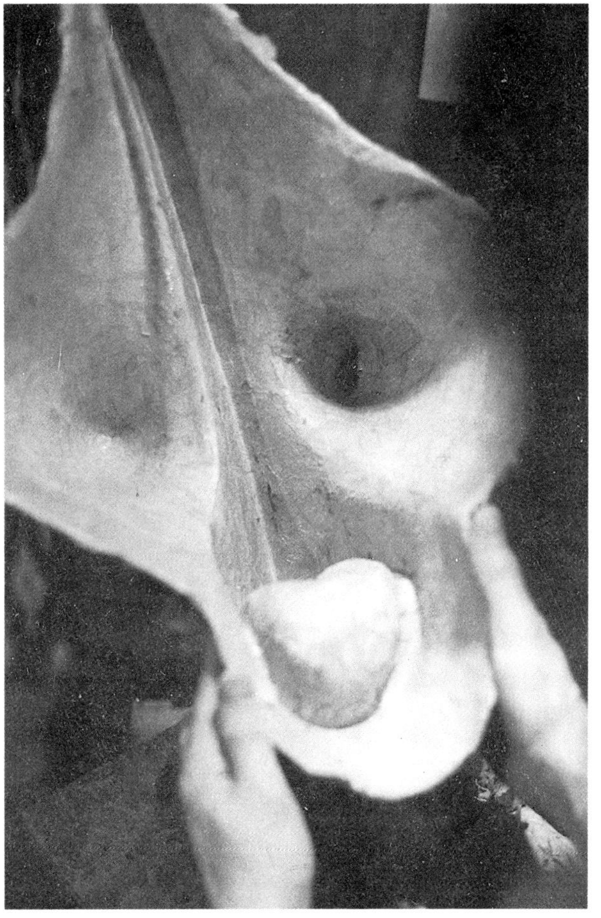

lerdings die Maske an den Rändern, kann es notwendig werden, sie aufzuschneiden, um so die Umhüllung vom Tonkern zu lösen. So einen Schnitt bringt man am besten am Grat, d.h. der höchsten Linie der Form an, um von dort nach beiden Seiten die Teile der Maske abzuziehen. Anschließend werden die Nahtstellen mit Blumendraht an einigen Punkten fixiert, damit sie sich genau aneinanderfügen. Diese Naht kaschiert man erneut von beiden Seiten. Nach dem Trocknen sollte nichts mehr von ihr zu sehen sein.

Hat man die Maske vom Ton gelöst, entfernt man die restlichen Folienstücke vom Ton sowie von der Innenseite der Maske. Häufig muß die Maske von der Innenseite noch etwas nachtrocknen. Gelöste Papierstücke werden mit Kleister wieder angeklebt.
Während die Maske nachtrocknet, muß nun der Ton versorgt werden.
(siehe Absatz über Ton Seite 29)

Das Verstärken der Ränder

Ist die Maske trocken, schneidet man mit einem scharfen Teppichmesser die Ränder glatt. Um den Rand klebt man Papierschnitzel, die von innen nach außen die Schnittkanten umhüllen und damit verstärken. Die Maske ist am Rand meist am instabilsten.

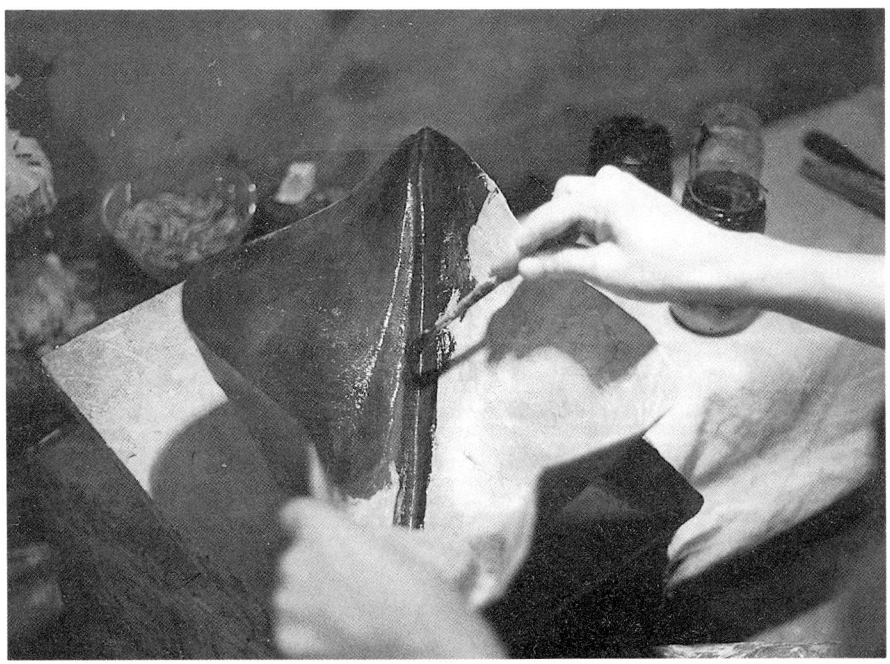

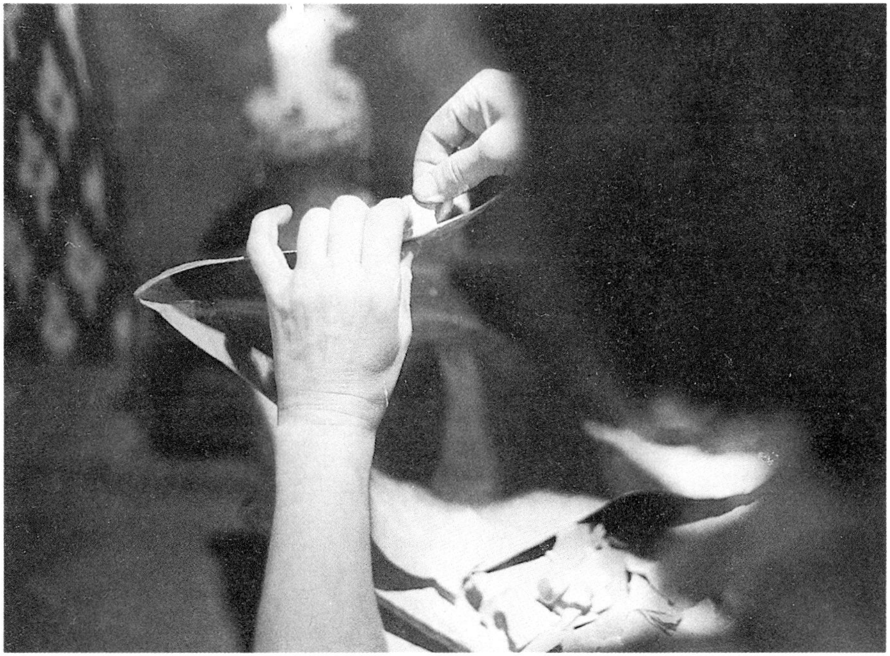

Die Innenfarbe

Die Maske ist nun zwar relativ stabil, jedoch weiterhin wasserlöslich. Durch das Ausmalen der Innenseite mit einer (am besten dunklen) Wandfarbe wird sie wasserfest, und die Gefahr, daß sich bei einem stark schwitzenden Maskenspieler plötzlich die Maske auflöst, ist gebannt.

Die Halterung

Es gibt verschiedene Möglichkeiten, eine Maske vor dem Gesicht zu tragen. Naheliegend ist die *Gummibandhalterung*: Man locht die Maske links und rechts am Rand etwa in Augenhöhe und befestigt daran eine Gummilitze. Weil allerdings viele Masken eine ganz andere Form als die

eines menschlichen Gesichts haben, kommt es vor, daß sie nur an einigen Punkten auf dem Gesicht aufliegen. Deshalb lassen sie sich schlecht tragen. Durch Polsterungen aus Tuch und/oder Schaumstoff können diese Druckpunkte vergrößert und bequemer gemacht werden. Dennoch passiert es immer wieder, daß bei heftigen Bewegungen die Maske verrutscht und man nichts mehr sieht.
Gummibandhalterungen eignen sich sehr gut bei Masken, deren Proportionen passend zum eigenen Gesicht entwickelt wurden. (Wenn man beispielsweise einen Gipsabdruck des eigenen Gesichts gemacht hat, davon einen Positivabguß herstellt und darauf schließlich so die Maske mit Ton modelliert, daß die Augen und weitere markante Punkte von Gesicht und Maske identisch sind).
Die *Beißhalterung* eignet sich sehr gut zum schnellen Wechsel von Masken. In Mundhöhe wird an der Innenseite der Maske ein Holzstück befestigt, auf das der Maskenspieler beißt, um damit die Maske zu tragen. Mit der Stimme kann man dann allerdings nicht mehr viel machen.

Die Helmhalterung

Mit einem Pappstreifen stellt man einen einfachen Helm her, der in der Maske befestigt wird.

Die Hilfsmittel

- **Pappstreifen**
  (60er Graupappe, ca. 75 cm lang und 3 cm breit, bekommt man beim Buchbinder oder Zeichenbedarf)
- Tube **Klebstoff**
- **Heftmaschine**/Tacker
- kleiner **Hammer**
- **Lochzange**
- **Stift**

- **Gummilitze** (wie zum Schneidern)
  und zum Befestigen an der Maske:
- **Ahle** / **Dorn, Blumendraht, Beißzange, Flachzange**
- etwas **Packpapier** und **Kleister**

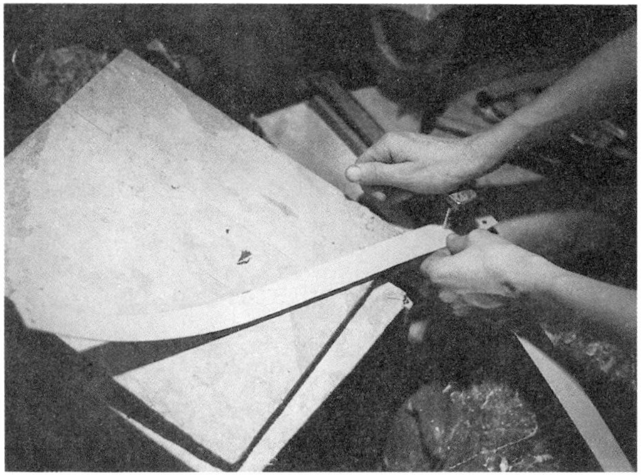

Die Herstellung des Papphelms:
Kopfumfang messen und Pappstreifen zwei Fingerbreit kürzer abschneiden (dieser Zwischenraum wird später mit der Gummilitze zusammengehalten).

Diagonalbügel messen und abschneiden, mit Klebstoff fixieren und mit Tacker endgültig befestigen (Heftklammerenden nach außen, damit man sich nicht verletzt. Überstehende Enden mit dem Hammer in die Pappe schlagen).

Mit der Lochzange (größtes Loch) an beiden Enden des Stirn-Pappstreifens zwei Löcher stanzen. Mit Gummilitze verbinden.

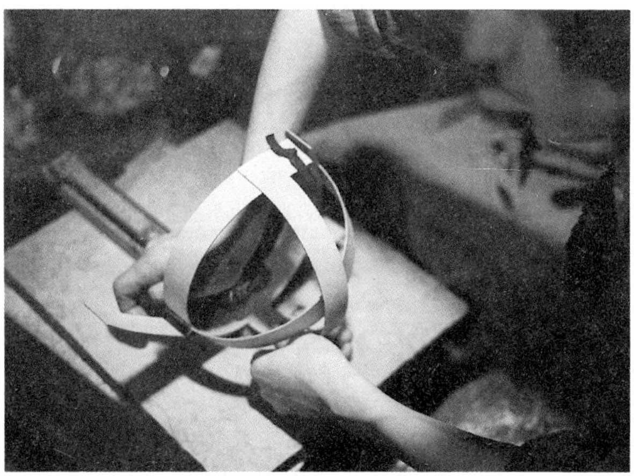

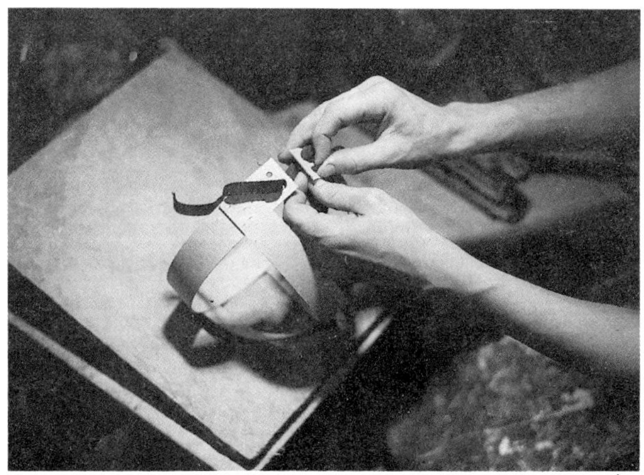

Der fertige Helm

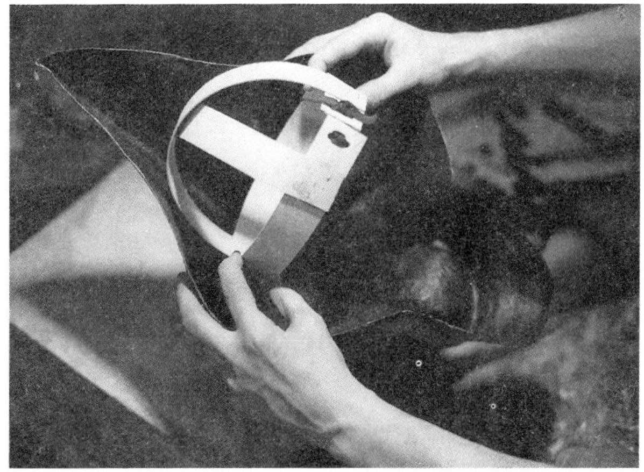

Papphelm an drei Stellen in der Maske befestigen (sonst reißt er wieder ab).
Je nach Maske direkt einpassen oder weitere Streifen zuhilfenehmen.

Diese Papphelmhalterung zeigte mir dankenswerterweise Heinz Levsen aus Hamburg.

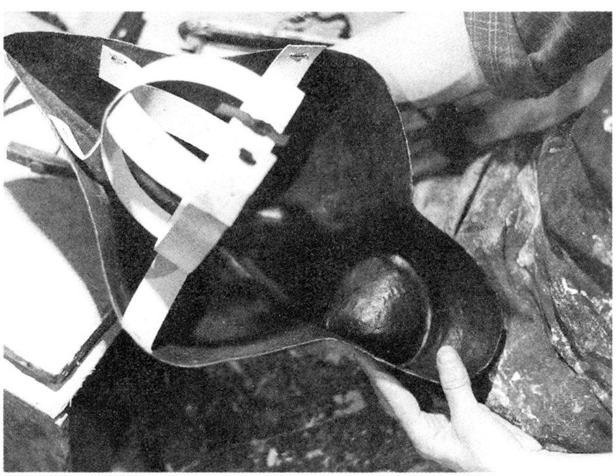

An den Befestigungsstellen Löcher durch Pappe und Maske stanzen (Lochzange: kleinstes Loch und Ahle), mit Klebstoff und Blumendraht fixieren. Drahtenden nicht in der Helminnenseite zusammendrehen (drückt beim Tragen!). Befestigungslöcher in der Maske überkaschieren.

Die Augen- und Luftöffnungen

Je weniger eine Maske dem menschlichen Gesicht ähnelt, desto seltener sind die Augen der Maske genau an der Stelle, an der auch der Maskenträger seine Augen hat. Deshalb muß man zum Sehen zusätzliche Öffnungen in die Maske schneiden. Integriert man deren Form in die der Maske, fallen die Öffnungen kaum auf. Manchmal sind es Halbmonde unter den Augen der Maske, gelegentlich kann man die Öffnungen der Nase oder des Mundes dafür nehmen.

Die Hilfsmittel
- **Ahle** / **Dorn**
- **Stift**
- scharfes **Teppichmesser** (bei dem man am besten eine neue Klinge einsetzt, damit es wirklich ganz scharf ist)
- **Gaze** bzw. einfache, ungemusterte **Tüllgardinen**
- **Packpapier** und **Kleister**

Um zunächst die richtige Stelle für die Augenöffnungen zu finden, setzt man die Maske auf und bezeichnet die vermeintlichen Punkte von außen mit einem Stift. In die abgesetzte Maske bohrt man vorsichtig mit der Ahle kleine Löcher in die markierten Punkte. Setzt man die Maske erneut auf und kann durch beide Löcher dasselbe Bild sehen, waren die Markierungen richtig. Sieht man getrennte Bilder, dann muß man erneut die richtigen Punkte suchen. Bei manchen Masken gibt es allerdings aufgrund der Form keine solchen Punkte. Dann muß man mit einem eingegrenzten Blickfeld vorliebnehmen. Um die endgültigen Punkte zeichnet man mit dem Stift die Form der Augenlöcher. Sie sollten mindestens so groß wie ein Fünfmarkstück sein (sonst sieht man zuwenig!) und sich in ihrer Form der Maske anpassen. Mit dem scharfen Teppichmesser schneidet man die Öffnungen vorsichtig heraus und hinterklebt sie mit

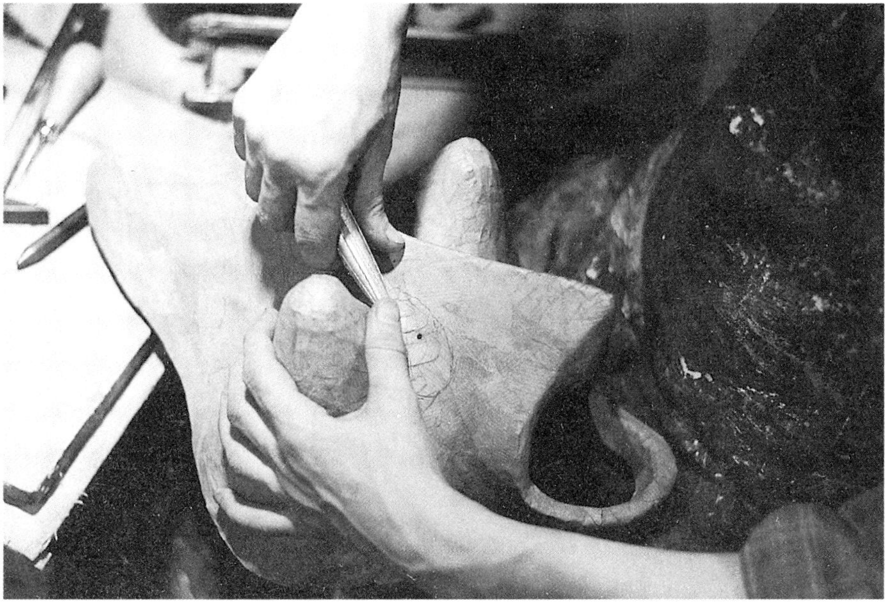

Ausschneiden der Augenlöcher

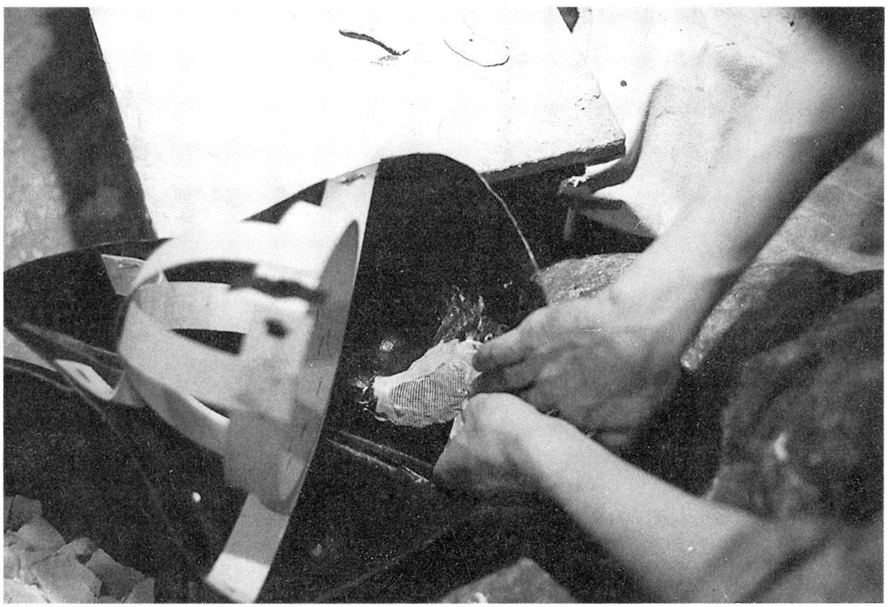

Mit Gaze von innen abdecken und kaschieren

Die fertigen Augen- und Luftöffnungen

Gaze. Dazu werden mit Kleister und Papierschnipseln die Ränder des Gazestückes an der Innenseite der Maske umklebt. Nach einer entsprechenden Übermalung sieht man die Augenöffnungen dann kaum noch. Um genug Luft zum Atmen zu bekommen und möglicherweise mit der Stimme hinter der Maske vernehmbar zu sein, schneidet man schließlich Nasen- und/oder Mundöffnungen heraus. Damit man nicht in die Maske schauen kann, sollten die ebenfalls mit Gaze überklebt werden. Abschließend übermalt man die Klebestellen an der Innenseite mit Farbe, um sie wasserabweisend zu machen.
Damit sind die eher technischen Arbeiten abgeschlossen. Wir können zum nächsten Teil unserer Reise vorstoßen ...

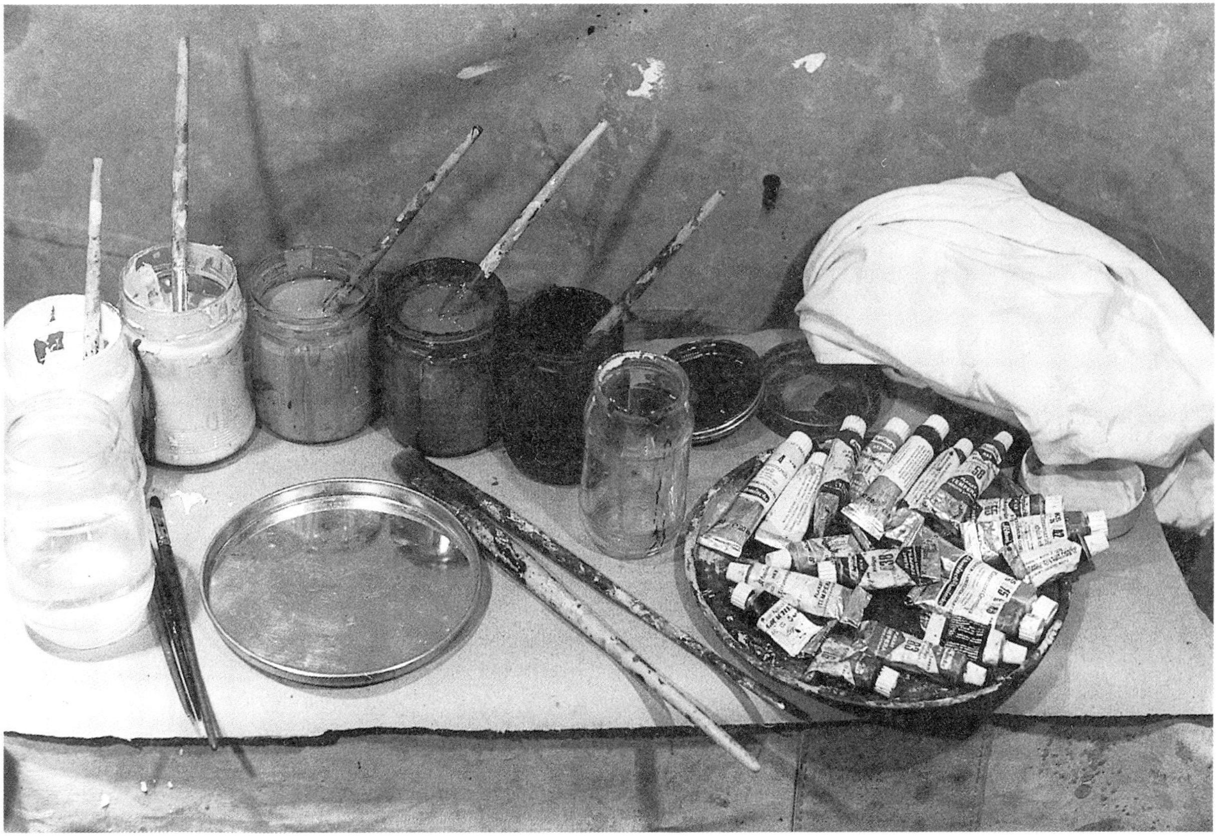

Die Bemalung

Nachdem wir in der „unbekannten Wildnis" die Form der Maske aufgespürt haben, geht unsere Entdeckungsreise weiter ins Reich der Farben. Angesichts ihrer überwältigenden Vielfalt geht es nun darum, die entsprechende Farbe für die Maske zu finden. Dabei sollte man sich nicht von aufdrängenden Farbideen bestimmen lassen, sondern die Maske genau befragen, welche Farbe zu ihr gehört. Jede Maske hat ihre eigene Farbe!

Die Hilfsmittel

- **Farben:** Weiß, gelb, rot, blau, schwarz.
  Einfach, billig und wasserabweisend ist Wandfarbe, die in Plastikflaschen im Handel erhältlich ist.
  Normalerweise ist sie allerdings matt und die Bemalung wirkt dadurch stumpf. Glänzend ist Latex- und Amphibolinfarbe, die man im Fachhandel bekommen kann.
  Da die Abtönungen der drei Grundfarben (gelb, rot, blau) in der Regel nicht sehr intensiv sind, sollte man sich zusätzlich Temperafarben in Tuben oder Farbpigmente in Pulverform besorgen (weitere Farbtöne kann man bei Bedarf hinzukaufen).
- **Pinsel** in verschiedener Stärke
- mittelgroße **Blechdeckel** zum Mischen
- **Behältnis für Wasser** zum Verdünnen der Farbe und Reinigen der Pinsel
- **Behältnis** (Glas oder Becher) zum Anmischen der Maskenfarbe
- **weißes Papier** zum Probieren

Zunächst wird die Maske mit weißer Farbe grundiert. Dazu nimmt man mit Wasser verdünnte Wandfarbe, streicht die Maske einmal vor und nach kurzem Trocknen mit dickerem Weiß noch einmal deckend über. Damit hat man einen guten Untergrund zum Bemalen hergestellt und kann möglicherweise dünnflüssige Farbe auftragen, die durch den weißen Malgrund aufgehellt wird.
Nun beginnt die Suche nach dem Farbton der Maske. Dabei sollte man sich unbedingt auf eine Farbe beschränken; mehrere Farben für eine Maske zu finden, überläßt man den Könnern. Dieser eine Farbton soll von hell bis dunkel getönt auf die Maske gemalt werden. Grenzt man sich nicht auf einen Farbton ein, wird die Maske häufig mit Farben überladen und ihre Wirkung erheblich abgeschwächt.

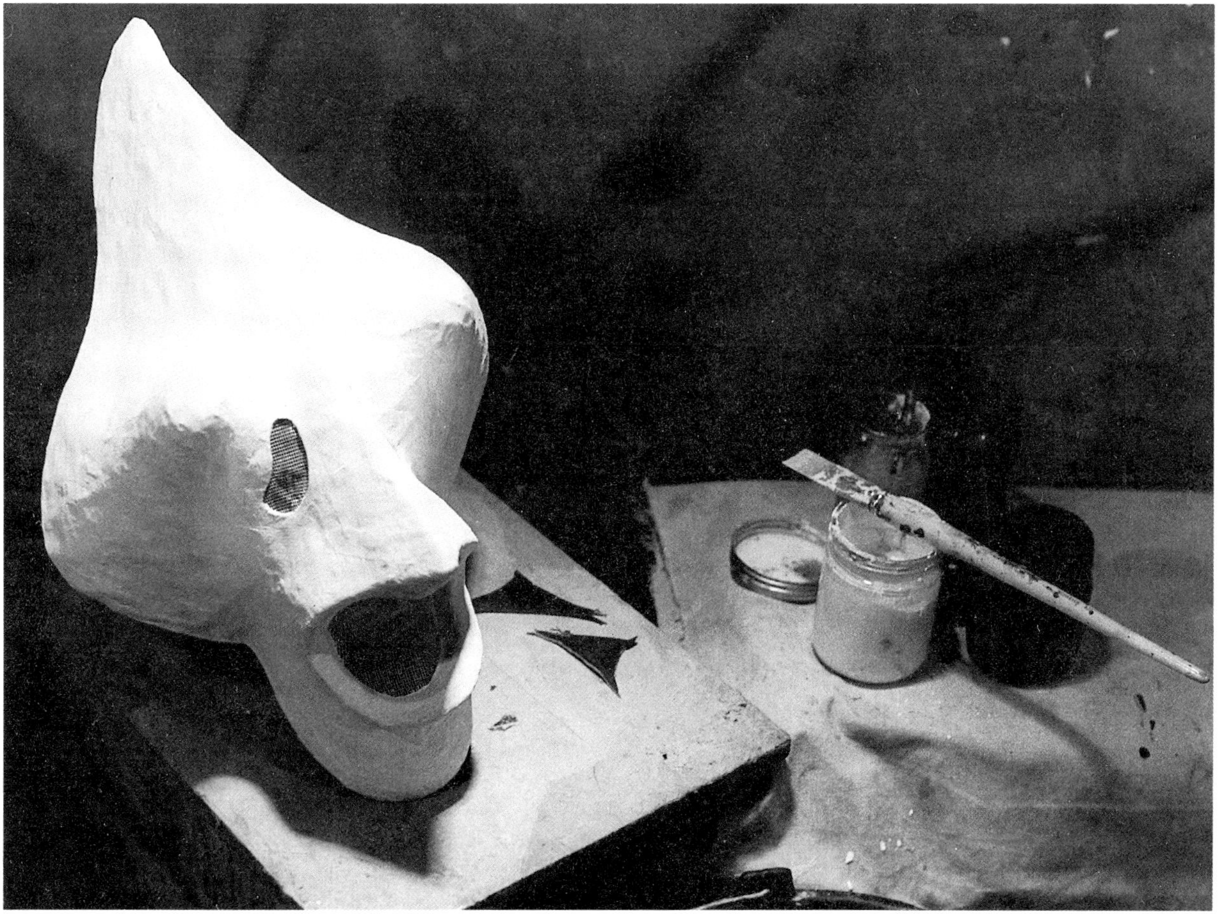

Welches könnte die passende Farbe für deine Maske sein?

Schau sie länger an und färbe sie vor deinem inneren Auge ein. Je mehr du dich darauf konzentrierst, desto klarer wird die Farbidee. Und die mischt man sich mit einigen Tupfern der Grundfarbe in der Mitte des Blechdeckels und macht Farbproben auf ein Blatt Papier. Aus Grundfarben lassen sich so gut wie alle Farbtöne mischen (so wird aus Blau und Gelb Grün). Man sollte viele verschiedene Farbvarianten probieren, auch wenn man das Gefühl hat, die Farbe der Maske schon gleich gefunden zu haben. Erst im Vergleich mit anderen Möglichkeiten wird deutlich, ob es der richtige Farbton ist.

Vielleicht mußt du mehrere Anläufe machen, um den richtigen Farbton anzumischen. Dazu reinigst du am besten den Mischdeckel und beginnt von vorne. Schließlich hat sich eine Farbidee durchgesetzt.
Es gibt eine Grundregel bei der Bemalung von Masken: Helle Farbtöne erhöhen optisch die Form und dunkle vertiefen sie.
Damit kann man die vorhandenen Formen unterstützen, d.h. alles, was weit nach vorne ragt, sollte heller, alles, was weiter nach hinten geht, dunkler bemalt werden. Beachtet man diese Regel nicht, kann man eine Maskenform ins Gegenteil verkehren: Obwohl die Form starke Höhen und Tiefen hat, wirkt sie dann flach!
Daher braucht man von der gefundenen Farbe einen mittleren Farbwert, von dem aus man heller wie auch dunkler werden kann. Auf einem weiteren Blatt versucht man, diesen mittleren Wert sowie eine hellere und eine dunklere Variante zu bestimmen.
Daraufhin mischt man in einem Behältnis etwa die Menge eines Eies in diesem mittleren Farbton. Eine letzte Vorbereitung ist das Probieren fließender Übergänge zwischen dem hellsten und dunkelsten Farbwert. Mit

etwas Übung lassen sich die Übergänge auf der Maske fließend malen.
Um eine Farbe aufzuhellen, gibt es die Möglichkeit, Weiß unterzumischen. Man kann aber auch die Farbe mit mehr Wasser auftragen, dann schimmert der weiße Untergrund durch und hellt damit die Farbe auf.
Ein häufiges Problem ist, daß Masken zu dunkel und zu knallig bemalt werden, was die Wirkung erheblich beeinträchtigen kann. Deshalb empfiehlt es sich, mit den helleren Tönen der Farbe zu experimentieren.
Die Bemalung der Maske geschieht dann in einem Fluß. Dabei zieht sich die Farbe wie eine weitere Haut über die grundierte Oberfläche. Und je nach Höhen und Tiefen werden, solange die Farbe noch feucht ist, die Übergänge fließend gestaltet.
Mit etwas Abstand betrachtet man die bemalte Maske und verändert entsprechend der Notwendigkeit: Wo heller? Wo dunkler? Wo sind die Übergänge noch nicht gelungen?
Schließlich sollten die Augen bemalt werden. Da es sich um Öffnungen handelt, werden sie meist entsprechend dunkel gemalt. Schaut die Maske jetzt oder sollte man einen zweiten Anlauf machen?
Die Lebendigkeit der Augen ist das Wichtigste bei der Bemalung einer Maske – es heißt nicht zufällig, sie seien das TOR ZUR SEELE.
Manchmal kann es notwendig sein, eine zweite Farbe als Kontrast zu wählen. Da man immer erst sehen muß, ob sie paßt und hilfreich ist oder doch irritierend wirkt, bemalt man probeweise die entsprechenden Stellen der Maske. Im Zweifel kann man ja alles wieder übermalen.
Nicht nur aus diesem Grunde ist es sinnvoll, den Rest der Maskenfarbe verschlossen aufzubewahren. Manchmal muß später noch etwas korrigiert oder weitergestaltet werden. Und manchmal braucht man zum Restaurieren noch etwas Farbe. Die Gazestellen übermalt man mit dem umgebenden Farbton und bläst kräftig die zugemalten Gewebestellen wieder frei.
Mit der Bemalung ist die Maske aus dem Reich der inneren Bilder und Vorstellungen, aus der unbekannten Wildnis in unsere Wirklichkeit gelangt. Ihr Blick schaut zugleich nach innen und nach außen. Geh behutsam mit ihr um, damit sie das gleiche mit dir tut.

Und so ging es mit meiner Maske weiter:
Nach einigem Probieren wählte sie einen türkisen Farbton; dazu runde schwarze Augen.

Die Ganzfigurengestaltung

Als Maske wird im allgemeinen nicht nur das vor dem Gesicht zu tragende Gebilde bezeichnet, sondern auch die dazugehörige Umhüllung der Körpers. Von den unterschiedlichsten Möglichkeiten seien hier nur einige Beispiele aufgeführt.

Das Hintertuch
Damit der ganze Kopf des Maskenspielers verhüllt wird und so die Innenseite der Maske und der Helm nicht sichtbar sind, wird an der rückwärtigen Hälfte ein Hintertuch angebracht. Gut eignet sich ein leichtes, dunkel gefärbtes Stück Nessel (ungebleichtes, einfaches Baumwollgewebe).

Weitere Hilfsmittel
- **Lochzange**
- **Ahle**
- kräftige **Stoff-oder Polsternadel**
- kräftiges **Garn**
- **Schere**

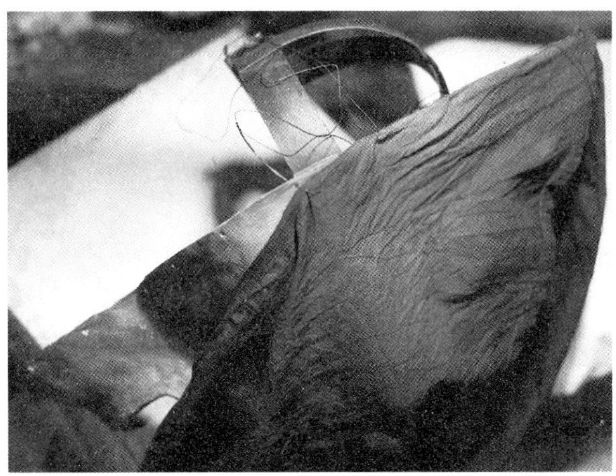

Zunächst wird im Abstand von ca. 6 cm mit der kleinsten Einstellung der Lochzange der Rand der Maske mit Löchern versehen. Je nach Form der Maske reicht es meist aus, oberhalb der Mundöffnung zu beginnen und zu enden.
Näht man zunächst das Hintertuch kapuzenartig ab, entstehen keine starken Falten, die der Maske sonst einen haubenartigen Ausdruck verleihen.
Bringt man außerdem das Hintertuch an der Innenseite der Maske an, vermeidet man, daß es wie ein Kopftuch aussieht. Mit einfachen Stichen näht man von einer Seite aus rund über den oberen Teil der Maske. Ein einfaches Anheften reicht aus, denn das Hintertuch hat nicht viel zu halten. Der Faden wandert unsichtbar an der Innenseite von Loch zu Loch. Damit der Hals des Mitspielers ebenfalls unsichtbar ist, kann man das Hintertuch von der einen Seite aus am Kinn der Maske vorbeilaufen lassen und befestigt es seitlich in der Höhe der Mundöffnung. Anschließend muß das Hintertuch noch so weit abgeschnitten werden, daß es ringsum die gleiche Länge hat.

Gestaltung mit weiteren Materialien

Bei einigen Masken bietet es sich an, Haare o.ä. anzubringen. Es eignen sich Bast, Schilf, Hanf, Sisal, Wolle, Schnüre, in Streifen geschnittener Stoff usw.
Auch hierbei sollte man sehr behutsam mit seiner Maske umgehen, weil man sie schnell überlädt und damit dem Ausdruck schadet. Je menschenunähnlicher eine Maske, desto weniger braucht sie Haare, Bärte und dergleichen.

Das Gewand

Es kann ebenfalls von unterschiedlichem Material sein. Einfacher Stoff bietet sich an - er sollte allerdings farblich zur Maske passen. Ebenso wie die Maske ihre spezielle Farbe hat, sollte man den Stoff passend dazu einfärben.

Das Färben

Mit Stoffarbe aus der Drogerie, einem Topf und/oder einer Waschmaschine geht das ganz einfach. Der Stoff muß zunächst gewaschen werden, damit er Farbe annimmt. Dann setzt man das Farbbad entsprechend der Gebrauchsanweisung an. Um den gewünschten Farbton zu erreichen, kann man die Stoffarben untereinander mischen. Mit einem Stoffstreifen prüft man das Mischungsverhältnis. Da der feuchte Stoff dunkler wirkt, kann man den gefärbten Streifen nach kurzem Spülen trockenbügeln, um zu sehen, ob der Farbton zur Maske paßt. Der Farbton des Gewandes muß nicht mit dem der Maske identisch sein. Ist er etwas dunkler, wird die Maske deutlich hervorgehoben. Möglicherweise sind verschiedene Farbtöne notwendig. Interessante Färbeergebnisse kann man mit etwas Geschick ohne weiteres erzielen. So bekommt der Stoff eine zufällige Struktur, wenn er beim Färben nicht bewegt wird. Färbt man in größeren Mengen, sollte man die relativ teure Stoffarbe direkt vom Werk beziehen. (Fa. Brauns-Heitmann GmbH & Co. Postfach 1160 - 3550 Warburg/Westf.)

Das einfache Wickel-Gewand

Mit einem oder mehreren Tüchern kann man einfach und schnell ein Maskengewand herstellen. Gehalten von einigen Sicherheitsnadeln, ist dies eine gute Möglichkeit, den ganzen Körper der Maske entsprechend zu verhüllen.

Wichtig ist: Die Herstellung sollte einfach und damit wiederholbar sein, und man sollte sich darin unbedingt bewegen können.

Die Variationsbreite, aus Tüchern ein Gewand herzustellen ist recht groß; das Gewand sollte allerdings den Charakter des Maskenwesens herausstellen.

Das genähte Gewand

Mit einigen Schnitten und wenigen Nähten kann man sehr einfach ein Gewand schneidern. Eine Nähmaschine ist dabei hilfreich.

Einfachste Grundschnitte sind:

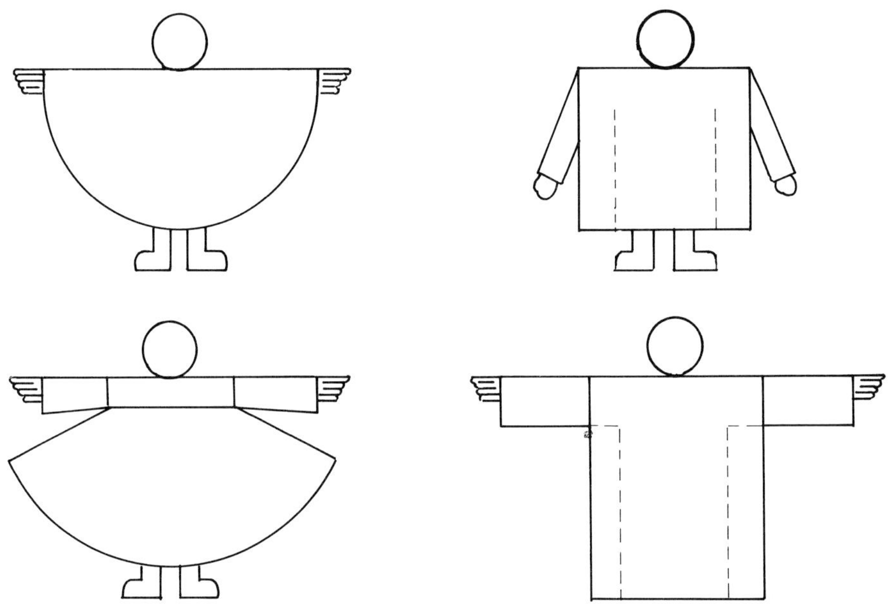

Je nach Geschick lassen sich auch kompliziertere Gewänder entwerfen und herstellen. Damit ein Gewand aber nicht zur überladenen Dekoration der Maske wird, sollte man bei den verschiedenen Ideen stets von der Maske ausgehen, sie immer wieder befragen und durch innere Bilder, Skizzen und Entwürfe kritisch prüfen, ob das Gewand zur Maske paßt und ihren Ausdruck unterstützt.

Gewänder aus anderem Material

Solange das Gewand zur Maske paßt, sind den Materialien keine Grenzen gesetzt!

Hinweis:

Schauen Hände oder Füße aus den Gewändern heraus, sollte man sie in einem passenden Farbton gestalten - z.B. mit Wasserschminke einfärben. Wasserschminke bekommt man in Drogerien mit Theaterbedarf oder direkt bei der FA. KRYOLAN GmbH - Papierstr. 10 - 1000 Berlin 51.

Wenn die Maske ruht

Arbeitet man nicht mit seiner Maske,
hängt sie meist an der Wand.
Dort schaut sie dir zu – und staubt ein!
Besser ist es, wenn man ihr ein Behältnis schafft,
in dem sie ruht.
Man kann einen Korb nehmen und die Maske,
in ein Tuch gewickelt, darin verwahren.
Man kann auch einen Beutel nähen
(z.B. aus den Stoffresten des Gewands),
in dem die Maske, das Gewand und was sonst
noch zu ihr gehört, Platz hat.

Damit ist dieser Teil der Entdeckungsreise beendet. Deine Maske ist nun sichtbar geworden, aber noch nicht in Erscheinung getreten.

Die Maske erwacht

Der zweite Teil der Reise

„Ein scheinbar in die Ferne entrücktes Sein mündet durch die Maske in das Hiesige.“
Karl Kerenyi

Nachdem du im ersten Teil der Entdeckungs- und Verwandlungsreise die Maske aufgespürt und ihr äußeres Erscheinungsbild sichtbar gemacht hast, geht es im zweiten Teil darum, sie von innen her zu entdekken, sie auszufüllen. Man kann dies mit der Entstehung eines Musikinstrumentes vergleichen:

Zunächst wird das Instrument geschaffen, dann wird es zum Klingen gebracht. Was ist das Spezifische, das in deiner Maske zum „Klingen“ gebracht werden kann?

Ich nenne es das Geheimnis der Maske, an das man sich langsam herantasten kann und von dem man langsam eine Ahnung bekommt. Das Geheimnis deiner Maske wird aber immer ihr Geheimnis bleiben!

Wie man sich ihr nähern kann:

Die verschiedenen Schritte, die ich hier beschreibe, können immer nur als einige von vielen Möglichkeiten verstanden werden. Sie sind als Versuche zu verstehen, mit denen gute Erfahrungen gemacht wurden. Am besten ist es, seiner Maske gemäß eigene Zugangsmöglichkeiten zu entwickeln.

Probiere Verschiedenes aus!

Je tiefer du in deine Maske einsteigst, desto größer ist die Chance, daß du etwas von ihr entdeckst.

Je ehrfürchtiger du mit ihr umgehst, desto mehr wird sie sich dir öffnen.

Erinnere dich: Nichts ist in der Fremde exotisch als der Fremde selbst. Und du hast dich in das Unbekannte vorgewagt und bist in der Fremde, nicht deine Maske!

Ich gehe von folgender Grundüberlegung aus:
Nicht ich spiele die Maske, sondern die Maske spielt mich!
Solange ich mich als ihr Schöpfer und Beweger verstehe, bleibe ich in meinem Ausdrucks- und Erfahrungsrahmen gefangen. Erst wenn ich diese Einstellung verändere, kann ich erweiternde Entdeckungen machen. Ausdrucksgewohnheiten sind üblicherweise sehr festgelegt; mit dieser veränderten Voraussetzung aber habe ich mich immer wieder an und über die Grenze des Bekannten gespielt.

Vorbereitende Übungen und Schritte auf dem Weg zum Maskenspiel

Das Paradoxon, sich selbst zu bewegen, ohne die Bewegungen zu bestimmen, kann man durch vorbereitende Übungen probieren. Eine davon ist Sich-führen-lassen:
Folge der Hand eines anderen Mitspielers, die sich 20 cm vor deinem Gesicht befindet. Laß dich schnell und langsam, hoch und tief, vorwärts und rückwärts von dieser Hand führen. Nach etwa 10 Minuten wird gewechselt[1]). Anschließend versucht ihr der eigenen Hand zu folgen, die sich scheinbar eigenständig durch den Raum bewegt. Nach einem gewissen Zeitpunkt merkt man den Unterschied zwischen aktiver Eigenbewegung und passivem Folgen.
Auch andere Übungen, die mit FOLGEN und sich FÜHREN lassen zu tun haben, können zur Einstimmung verwendet werden (Blindführen, Spiegelübungen, Reiterspiele...).
Um sich weiter für das Spiel mit seiner Maske vorzubereiten, ist es sinnvoll, Bewegungsübungen und -spiele zu machen. Darüber gibt es viel und unterschiedliche Literatur. (Siehe Literaturverzeichnis am Ende des Buches).

Das Kreissymbol deiner Maske

Dies ist ein anderer Vorbereitungsschritt, durch den du das Wesentliche deiner Maske verdichten kannst:
Lege deine Maske gut sichtbar vor dich. Betrachte sie genau und ziehe dann auf ein Zeichenblatt mit Kohle, Rötelkreide o.ä. einen Kreis. In diesen Kreis versuche ein Symbol für deine Maske zu malen. Symbol meint

[1])Die Übung findet man sowohl im therapeutischen als auch theatralischen Milieu (von Bioenergetik bis hin zu Augusto Boal). Gleiche Übungen werden mit unterschiedlichen Zielsetzungen angewendet.

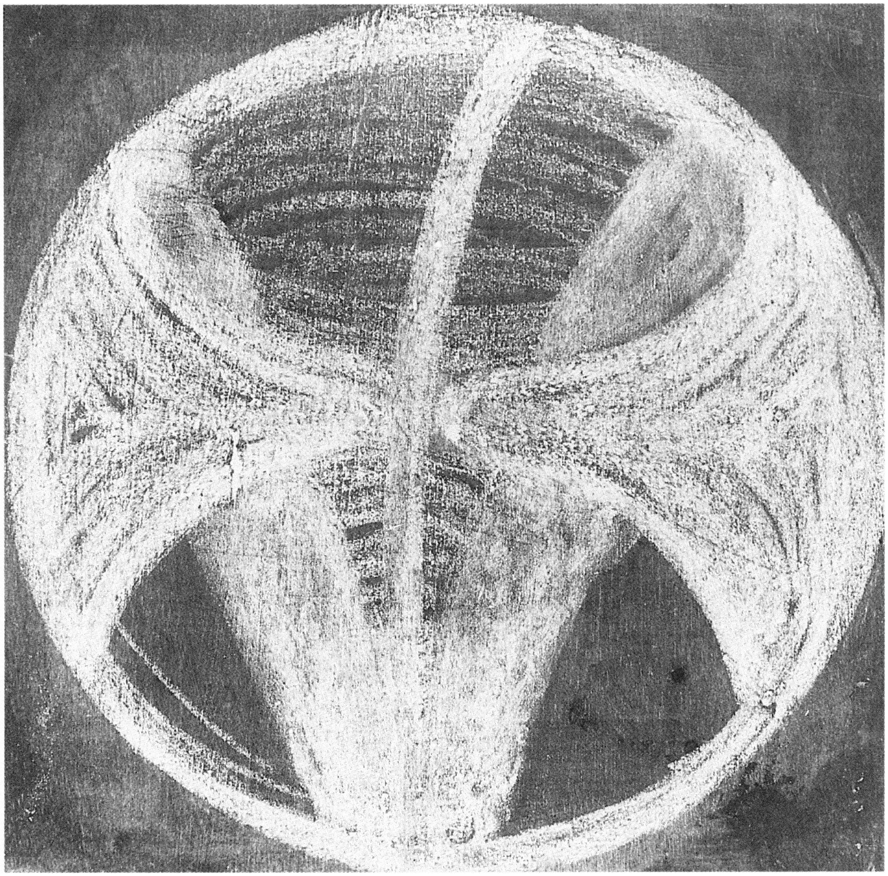

in diesem Fall nichts Konkretes oder Naturalistisches, sondern durch Linien, Flächen und Punkte ein eher abstraktes Bild. Welche Formen fallen dir zu deiner Maske ein? Schau immer wieder genau hin und laß dieses Kreisbild langsam wachsen und sich aufbauen. Der Kreis eignet sich deshalb besonders gut, weil man durch seine Geschlossenheit nicht die Spannung der Ecken zu berücksichtigen hat. Indem du dieses Kreissymbol gestaltest, bist du auf dem Weg, dich an das Geheimnis deiner Maske heranzutasten.
Versuche das Bild eindeutig und klar entstehen zu lassen.
Anschließend übertrage das Symbol auf die Innenseite deiner Maske.

Der Ort deiner Maske und ihr Name

Ein weiterer Schritt zu deiner Maske ist das Entdecken des Ortes, an dem sie lebt, sowie ihres Namens. Um dies herauszufinden, kannst du eine INNERE BEGEGNUNG „träumen". Wie in einem Tagtraum stellst du dir vor, daß du deine Maske aufsuchen wirst, um sie nach ihrem Namen zu fragen. Dabei erfährst du gleichzeitig, an welchem Ort sie sich aufhält.

Macht man so eine Traumreise allein, muß man dafür sorgen, ungestört zu sein. Ist man in einer Gruppe, kann einer wachend die Reise begleiten. Hilfreich ist es ferner, wenn der Begleiter nach einer Dauer von etwa zehn Minuten mit leisen Tönen eines Instruments oder seiner Stimme zur Rückkehr ruft. Dies gibt den Träumern Sicherheit; sie brauchen nicht ihre „innere Uhr" zu stellen. Es gibt immer die Möglichkeit, aus der inneren Bilderwelt auszusteigen, indem man die Augen öffnet.

Solche Begegnungen sind wie Träume - Raum und Zeit verändern sich wie selbstverständlich. Vielleicht passieren die merkwürdigsten Sachen, bis man auf seine Maske trifft. Schau dir alles genau an!
Bisher hat noch jeder, der so eine Reise mitgemacht hat, seine Maske getroffen und auch ihren Namen erfahren.
Man sollte sich nicht vorschnell abweisen lassen. Es kommt schon mal vor, daß eine Maske launisch ist und mit dem Frager ihr Spiel treibt. Sollte man tatsächlich beim ersten Aufsuchen den Namen nicht erfahren haben, kann man es bei einer zweiten Begegnung versuchen.
Eine innere Begegnung mit seiner Maske beginnt, indem man sich bequem auf den Boden legt, die Augen schließt und dreimal tief einatmet. Mit dem dritten ausströmenden Atem beginnt die Suche - an welchem ORT befindet sich die Maske?
Bei der dieses Buch begleitenden Maske ereignete sich mir folgendes:

Ich bin im Nebel, der sich langsam lichtet. Ein mir bekannter Waldweg wird sichtbar. Während ich ihn ein Stück entlanggehe, fällt mir ein französisches Wort ein und im gleichen Moment verwandelt sich der Wald in eine südfranzösische Landschaft. Zwischen einigen Zypressen, die am Wegesrand stehen, hocken vertraute Maskenwesen. Ich komme zu einer Ruine und suche meine Maske, die hier nicht zu finden ist. So kehre ich um und gehe durch ein verbranntes Waldgebiet. Es zieht mich zum Meer. Mein Gang wird immer schneller; ich fliege fast und sause mit großer Geschwindigkeit zum Strand. Auf dem Wasser schwebend sehe ich meine Maske. Sie ist riesig groß und von gleißendem Licht übergossen.
„Wie heißt du?", rufe ich. Da beginnt sie sich zu drehen und schwebt langsam in die Ferne. „Ich kann dich hinfliegen", sagt eine Möwe neben mir. Entweder bin ich inzwischen kleiner geworden oder die Möwe ist gewachsen; jedenfalls passe ich ohne weiteres auf ihren Rücken. So fliegen wir aufs offene Meer hinaus und sehen bald meine Maske. Wie bei einer Spiegelung schwebt sie kopfüber über sich selbst. Dadurch entsteht eine trichterförmige Öffnung, in der ein Strudel sichtbar wird. Da muß ich hineintauchen. „Laß mich einfach fallen", sage ich zur Möwe, doch sie will mit, auch wenn sie im Strudel umkommen sollte. Wir sinken hinab und ich werde von der Drehung des

Wirbels ergriffen. Nur nicht das Bewußtsein verlieren und nur an das eine denken: *Wie heißt Du?* Je mehr ich das denke, desto langsamer wird der Strudel, bis eine Stimme laut und vernehmlich *„LO"* sagt. „Heißt du *LO* oder geht dein Name noch weiter"? *„LOKWAS"*, antwortet die Stimme. Vom Sog werde ich kreisend immer weiter hinabgezogen in den enger werdenden Strudel. Wie soll ich den Namen der Maske anderen sagen, wenn ich aus diesem Strudel nicht mehr herauskomme? Da stoppt die Drehung und beginnt erneut, mich aufwärts tragend, sich in die andere Richtung zu drehen. Über der Maske angekommen kann ich selber fliegen, lande sicher wieder am Strand und gehe den Weg zurück. Dabei treffe ich ebenfalls frühere Maskenwesen von mir, die ich in eine Landschaft gesetzt hatte und deren Abbilder dort für immer zurückbleiben. Vorbei an dem verbrannten Wald und der Ruine komme ich auf den Waldweg und tauche schließlich wieder in den Nebel ein.

Begegnungen mit seiner eigenen Maske und Namensgebungen können auch ganz anders verlaufen:

Ich klettere nun doch den Baum herunter und sehe unten zwischen den Bäumen auch immer wieder sich schnell bewegende dunkle Schatten. Ich laufe hinterher, durch den Wald, dann sehe ich eine Lichtung. Dort steht eine riesige, vorn offene Kupferschüssel, voll mit getreideähnlichen Körnern, die nach vorn in eine kleine Grube rieseln. Oben hinter dem Rand der Schüssel sehe ich plötzlich die Maske; ich will durch die Schüssel hinaufklettern, lande in der Grube, muß mich anstrengen, mich aus diesem Zeug wieder herauszuwühlen. Und dann laufe ich um die große Kupferschüssel herum und erwische sie auch. Ich frage sofort nach dem Namen und sie sagt gleich zwanzig auf einmal und daß ich mich doch umschauen soll. Ich rufe einige Namen. Als ich *„Brehoß"* rufe, erschrickt sie und bleibt stehen - ich hab's. Dann läuft *„Brehoß"* ganz schnell weg, und ich mache mich schnell auf den Rückweg. Andauernd stolpere ich über Wurzeln, die sich mir in den Weg zu legen scheinen. Ich finde keinen Weg hinaus - der ganze Wald scheint von einem großen Zylinder umschlossen zu sein. Ich fange laut an zu schimpfen und bin schon sehr verzweifelt, als ich es dann endlich schaffe, durch ein dickes Farngestrüpp auf den Waldweg zu gelangen. Ich gehe zurück.
Text: Conni Sandmann, Röttgershof 1983

Eine andere Art, den Namen seiner Maske in Erfahrung zu bringen, ist folgende:
Hocke dich vor deine Maske und schaue sie ruhig und lange an. Frage sie im Stillen nach ihrem Namen, der meist aus einer Geheimsprache stammt, die nur du und deine Maske verstehen. Und dann frage sie, an welchem Ort sie zu Hause ist. Diesen ORT zeichnet man am besten auf ein Blatt. Es ist der Ausgangsort der Maske für jedes Spiel - hier beginnt und endet die Verwandlung in dein Maskenwesen.

Die Verwandlung in das Maskenwesen

*"Bevor ich spiele, muß ich
die Maske lange Stunden anschauen.
Ich existiere nicht,
es ist die Maske, die existiert.
Nicht ich bin wirklich,
sondern die Maske ist
wirklich."*

*Iwao Konjo
Nô-Maskenspieler aus Kyoto*

Um einen angemessenen Übergang vom Alltag zum Spiel mit der Maske zu finden, entwickelt man am besten eine spezielle und wiederholbare Art der Verwandlung, eine individuelle Verwandlungszeremonie.

Was muß dabei beachtet werden?
Zwischen dir und deiner Maske befindet sich ein unsichtbares Stück Niemandsland. Um es betreten zu können, mußt du möglichst viel deiner alltäglichen Notwendigkeiten hinter dir lassen, um dich für das Kommende zu öffnen. Bist du erst einmal in diesem Niemandsland, signalisiere deiner Maske, daß sie auf dich zukommen kann, damit du in sie verwandelt wirst. Erst jetzt kann das Maskenwesen erwachen und sein Eigenleben beginnen. Ist das Spiel schließlich beendet, wähle den gleichen Weg für die Rückverwandlung. Um die eigene Verwandlungszeremonie zu entwickeln, ist es sinnvoll, einzelne Schritte auszuprobieren und schließlich eine lange Form der Verwandlung zu zelebrieren. Daraus wählt man das Kernstück heraus, das damit zu deiner Art der Verwandlung wird. Nur so darfst du in Zukunft zur Maske werden und dich von ihr wieder lösen.

Solche Verwandlungszeremonien waren z.B.:
- Mit den Händen über das eigene Gesicht streichen und anschließend blind die Maske aufsetzen;
- Tiefes Ausatmen, die Maske aufnehmen und betrachten. Die Maske und das Gesicht kommen sich immer näher, bis sie sich berühren. Dann wird die Maske aufgesetzt;
- Erst wird der Name der Maske gerufen, um sich dann in einem Schwung die Maske aufzusetzen. (Bei der Rückverwandlung wird der Name des Maskenspielers gerufen!).

Und bei LOKWAS hocke ich mich hin, setze die Maske mit einer Drehung des Körpers auf, um mich dann als LOKWAS zu erheben.

Das Erwachen des Maskenwesens

Nach all dem, was du bisher beobachtend über das unbekannte Reich deiner Maske erfahren hast, kommt jetzt der Schritt, bei dem du lernst, dich als Zugehöriger, fast als Einheimischer in eben dieser Wildnis zu bewegen.
Sorge zunächst dafür, daß du einen ungestörten Raum mit ausreichend Platz zum Bewegen hast. Die Dämmerung kann hilfreich sein, denn Zwielicht ist ebenfalls Ausdruck des Zwischenreiches, in das du dich nun begeben willst. Seid ihr mehrere, die ihre Maskenwesen erwachen lassen wollen, sprecht zuvor die Reihenfolge der Spieler ab. Nacheinander treten die Maskenwesen in Erscheinung und versuchen, in diesem Verwandlungsspiel ihre typische Art der Bewegung zu zeigen. Hast

du den Eindruck, sie endeckt zu haben, versuche sie in einem Gesamtkörperausdruck zu verdichten, indem du erstarrst und die Bewegung einfrierst. Für einen Atemzug lang ist der Bewegungsfluß gestoppt - dann geht er weiter. Wie ist die spezielle Bewegungsart deiner Maske? Du mußt eine Zeit probieren, bis sie sie dir verrät.
In diesem ersten Verwandlungsspiel geht es überhaupt nicht um Begegnungen, ums Handeln. Wir sind auch nicht auf der Suche nach formalen Bewegungen. Es geht vielmehr darum, daß du den Gesamtausdruck der Maske entdeckst: Wie sie in ihrer typischen Bewegungsart in Erscheinung tritt. Diese Bewegungsart soll in allem, was die Maske macht, sichtbar sein und bleiben, egal ob sie schnell oder langsam, ob sie groß oder klein wird.
Bereite alles für die Verwandlung vor. Warte so lange, bis du das Gefühl hast: Jetzt ist es soweit. Dann verwandle dich auf deine Art in das Maskenwesen. Horche in dich hinein und warte, bis die Maske erwachen will. Erwachen wird sie an dem Ort, an dem sie zu Hause ist (und den du bei der inneren Begegnung gesehen hast – bzw. von dem sie dir erzählte). Sowie sich deine Maske in den Spielraum hineinbewegt, weicht der innere Ort zurück. Nun beginnt die erste Erkundung eines fremden Territoriums, bei der dich die Maske führt. Schließlich kehrt das Maskenwesen an seinen inneren Ausgangsort zurück, hockt sich hin, und du kannst dich rückverwandeln.
Hast du die typische Bewegungsart noch nicht gefunden, dann probiere nach einer Weile erneut. Erst wenn du sie entdeckt und in dem erstarrten Gesamtkörperausdruck verdichtet hast, kann die Entdeckungsreise weitergehen.
Manchmal passiert es, daß man bei den ersten Malen (trotz Verwandlungszeremonien) aus der Maske „herausrutscht".
In solchen Fällen sollte man das Spiel nicht einfach abbrechen, sondern kann die Maske durch wiederholtes Nennen ihres Namens zurückrufen.
Es gibt allerdings auch Tage, an denen Verwandlungen sehr schwer fallen. Geduld und anderntags ein neuer Versuch sind dann notwendig.

Der Laut des Maskenwesens

Bewegung und Klang gehören zusammen. Nachdem die typische Bewegungsart gefunden ist, geht es nun darum, den entsprechenden Klang zu entdecken. Dies geschieht ebenfalls durch das Probieren als verwandeltes Maskenwesen.
Welcher stimmliche Klang gehört zu ihm?
Es sollte ein Laut sein, der vielleicht mehrsilbig ist; auf jeden Fall sollte er wiederholbar sein.
Mit diesem Laut kann die Maske alles ausdrücken, ohne menschliches Sprechen zu imitieren.
Masken sind anders als Menschen.
Sind Bewegung und Laut gefunden, bist du mit dem Entdecken deines Maskenwesens einen großen Schritt weitergekommen.
Seid ihr mit mehreren zusammen, laßt jetzt nacheinander die Maskenwesen in Erscheinung treten und zeigt Bewegungsart und Laut. Dazu können die Zuschauenden den Namen der entsprechenden Maske begleitend nennen, rufen, wispern singen....

Eine Wanderung durch....

Mit dem nächsten Verwandlungsspiel in das Maskenwesen soll die Entdeckung der unbekannten Wildnis weitergehen.
Zunächst befindet sich die Maske im Moment der Verwandlung ja an ihrem Ausgangsort. Versuche diesen Ort genauer kennenzulernen; mache ihn dir vertraut. Ist er hoch oder niedrig, hell oder dunkel, leer oder befindet sich etwas in ihm?
Was immer das Maskenwesen tut, geschieht in seiner charakteristischen Weise. Der Laut kommentiert dabei nicht, sondern erklingt...
Nachdem der Ausgangsort der Maske dir vertrauter ist, verläßt du ihn durch eine Öffnung, ein Tor oder eine Pforte und kommst in eine völlig neue Umgebung.

Schau sie dir genau an: Wie muß man sich hier verhalten, welche Regeln stellt diese Welt auf?
Und wo kann man schließlich die Öffnung in die nächste Welt finden? Dabei heißt es aufpassen, um nicht in irgendwelche pantomimenartigen Bewegungen zu verfallen. Deine Maske ist kein Pantomime, sondern hat ihre eigene Art, sich in diesen Welten zu verhalten!
Wichtig ist bei so einer ersten Entdeckungsreise, daß du im typischen Bewegungsausdruck immer sicherer wirst und ihn in den verschiedenen Umgebungen zu variieren lernst.
So eine Wanderung kann auch gut durch die Welten der VIER ELEMENTE gehen, durch Umgebungen der vier HIMMELSRICHTUNGEN oder durch die FARBEN. Gemeinsam mit mehreren Maskenwesen gelingt eine solche „Wanderung durch ..." besonders gut.
Allerdings sollte noch immer keine Begegnung stattfinden, das lenkt von der Erkundung der Umgebung ab und ist einem späteren Teil der Reise vorbehalten.
Die Entdeckungswanderung endet schließlich wieder am inneren Ausgangsort deiner Maske, von dem aus die Rückverwandlung geschieht.

Übrigens ist es sinnlos, vor einem Spiegel das Spiel der Maske zu probieren. Dadurch bilden sich nur äußere Ausdrucksformen heraus. Die Außensicht provoziert "gut wirkende" Bewegungsarten, die äußerlich bleiben. Füllt man eine Maske von innen her, teilt sie sich von selbst nach außen mit.

Das Spiel mit Gegenständen

Nachdem du kennengelernt hast, wie sich dein Maskenwesen in verschiedenen Umgebungen bewegt und verhält, kannst du es nun beim Handeln mit einem Gegenstand erleben.
Vielleicht befragst du es zunächst, welchen Gegenstand es will? Vielleicht stehen gerade einige Dinge zur Verfügung, die man ihm anbieten

kann. Vielleicht machst du einen kleinen Spaziergang und bringst eine Fundsache für deine Maske mit.
Auch hierbei gilt:
Es muß zu deiner Maske passen und einen Bezug haben.
Vieles eignet sich:
Steine, Wurzeln, Bambusstäbe,
Taue, Tücher, Federn, Muscheln,
Kugeln, verrostete Metallteile,
ein Stück zerzaustes Plastik...-
Wähle einen entsprechenden Gegenstand aus und plaziere ihn so im Raum, daß ihn dein Maskenwesen nach einigem Suchen findet. Was damit möglich ist, kann man nur als Maskenwesen entdecken. Dieses Handeln kann durchaus sehr eigenwillig und merkwürdig sein; es kann völlig absurd wirken. Masken haben ihre eigene Logik. Vielleicht entdeckst du durch das Probieren verschiedener Gegenstände etwas ganz Spezielles, mit dem dein Maskenwesen dir sein geheimes Handeln anvertraut.

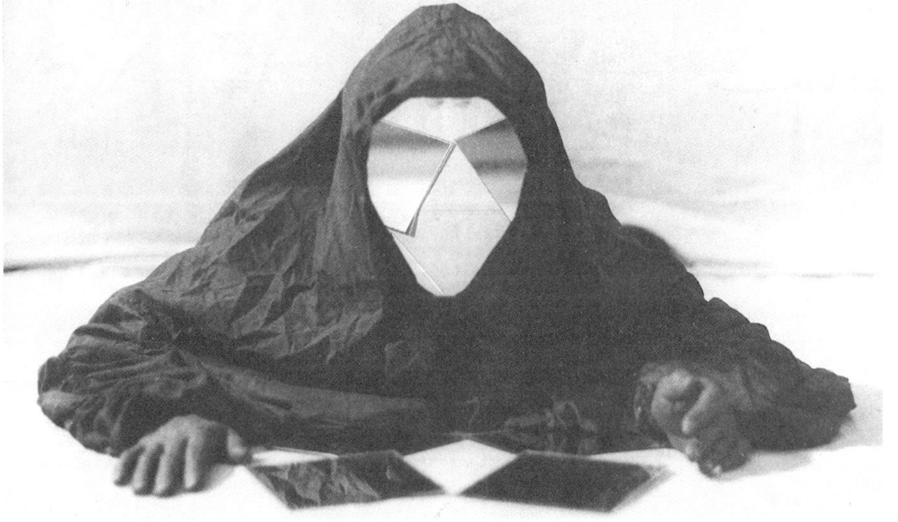

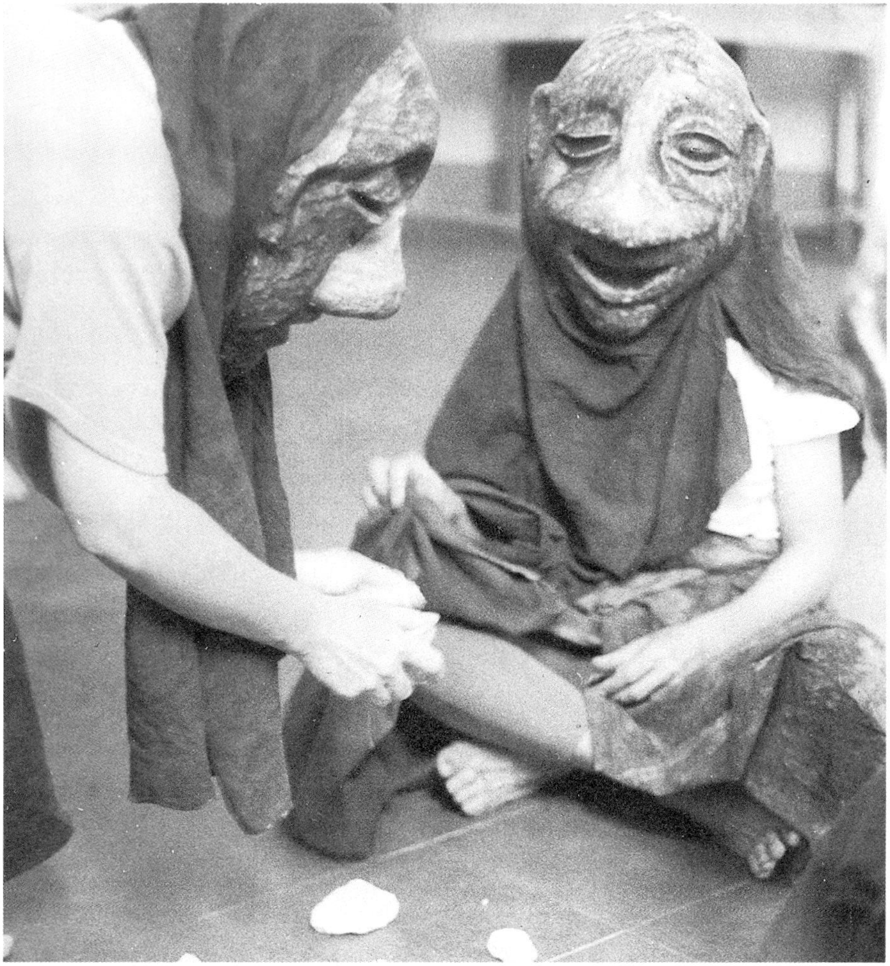

EWENG (tsch) Y hütet in seiner Höhle die leuchtenden Steine. Nur wenn sein Rat gebraucht wird, geht er zu ihnen.... .Einmal bat ich ihn um die Deutung eines Traumes. Er führte mich in die Höhle und reichte mir einen Stein. Dort wiederholten sich dann die Schlüsselszenen meines Traumes, die plötzlich verständlich wurden. Soweit ich ihn verstehe und erfahre, ist er ein Nicht-Handelnder. Vielmehr ist er Ratgeber, hilft Dinge und Zusammenhänge zu verstehen, zeigt mögliche Lösungen auf. Das Handeln, die Entscheidung aber liegt beim Fragenden..."

Text: Beatrice Fischer

Die Geschichte und die Träume der Maske

Hast du deine Maske soweit kennengelernt, kannst du einen ersten Text über sie verfassen. Dabei geht es nur darum, das Bild zu vervollständigen, ohne die Maske endgültig festzuschreiben. Es ist vielmehr der Versuch, Erahntes zu formulieren und sich so von einer anderen Seite an ihr Geheimnis heranzutasten. Es kann sehr gut sein, daß du im weiteren Spiel mit deiner Maske noch ganz andere Seiten entdeckst; auch deine Maske verändert sich mit der Zeit. Dann muß man den Text erweitern und verändern!
Fragen für solch einen Text können folgende sein:

- Woher kommt sie?
- Was tut sie gern, was nicht (warum)?
- Wovon träumt sie?

„Meine Maske heißt *Gnuamasah.*
Sie lebt unter einem riesigen Baum im Wald. Der Baum ist eine Tanne. Ihre Wohnung befindet sich zwischen den Wurzeln der riesigen Tanne. Manchmal wünscht sie sich sehnlichst, den Punkt des Himmels sehen zu können, den die Tannenspitze verdeckt, wenn sie in ihrer Wohnung ist. Aber jedesmal, wenn sie von draußen diesen Punkt beobachtet, ist es ein anderer Punkt; eben nicht derselbe. Sie ist ansonsten sehr zufrieden und liebt es, zwischen den Wurzeln zu wohnen ..."
Text: Maria Schmidt

Gnuamasah

Statt einer Geschichte kann man auch eine andere Form der Darstellung wählen: Nach den jeweiligen Entdeckungsschritten versucht man das, was einen die Maske wissen ließ, zu formulieren. So eine Reihung von Sätzen ist keinem bestimmten Stil unterworfen. Sie kann berichtend sein oder auch lyrisch, poetisch - eben so, wie sich die Maske dir mitteilt.

Der Tanz der Maske

Eine andere Form, das Bild deiner Maske zu vervollständigen, ist das Entwickeln ihres Tanzes. Dazu kann man die Stationen aus der Geschichte der Maske in Bewegungen übertragen, in einen symbolischen Tanz (nicht Pantomime!). Welcher Moment in der Geschichte ist der stärkste?
Versuche zunächst, dafür deiner Maske einen Bewegungsausdruck zu entlocken. Zum Tanz gehört ein Rhythmus und Wiederholungen verschiedener Motive. Welche Themen wählst du aus dem Spiel deiner Maske aus? In welcher Reihenfolge bringst du sie? In welchem Rhyth-

Der Tanz der Gnuamasah

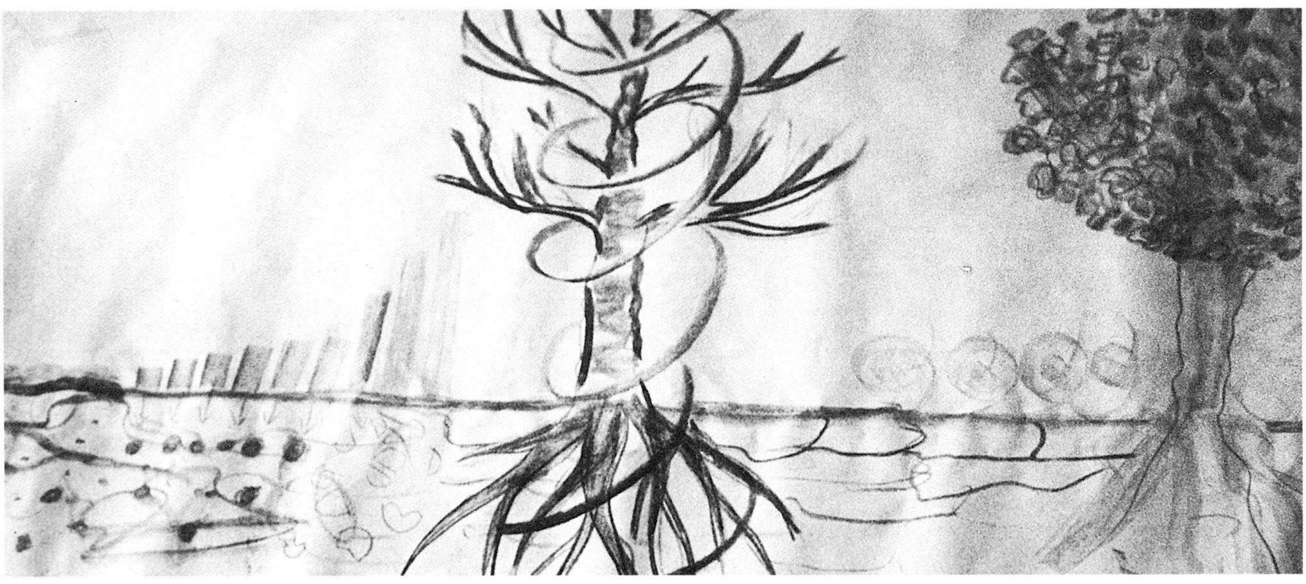

mus werden sie getanzt? Zeichnet man den Tanz auf ein Papier, kann man, wie bei einer Partitur, verschiedene Möglichkeiten skizzieren und anschließend probieren. Welche Rolle spielen dabei die Laute? Vielleicht entsteht eine Art Gesang deiner Maske.

Mit einfachsten, zur Maske passenden Instrumenten könnte man eine Begleitung komponieren, die von der Maske selbst oder von anderen zum Tanz gespielt wird. Wichtig ist, daß der Inhalt des Maskentanzes nicht verloren geht, daß er für dich Bedeutung behält.
Der Tanz ist eine zentrale Ausdrucksmöglichkeit für Masken. In der rhythmischen und stilisierten Bewegungsfolge, die durch Wiederholungen lebt, liegt ein Stück vom Zauber der Maske.
Einen Maskentanz sollte man im Laufe der Zeit weiterentwickeln.
Dieses ist der erste Zeitpunkt, zu dem du einige Freunde und Interessierte mit deiner Maske zusammenbringen kannst. Man veranstaltet ein kleines Fest der Masken.
Vielleicht kann man draußen ein kleines Feuer machen - vielleicht wird dein Raum mit einigen Zweigen hergerichtet - vielleicht hängen an den Wänden Skizzen und Texte aus der Arbeit mit deiner Maske; der Rahmen muß der Maske gefallen!
Durch das Heraustreten der Maske aus ihrem geschlossenen Rahmen in eine kleine und interessierte Öffentlichkeit wird das Ende des zweiten Teils der Verwandlungs-und Entdeckungsreise sichtbar:

Deine Maske ist in Erscheinung getreten!

Und LOKWAS
tanzte in der Kiesgrube mit dem Stein seines Ursprunges.
Dabei brachte er ihn an seinen Platz zurück.

Zum Umgang mit Musik

Bei der Arbeit mit Masken spielen verschiedene Kunstarten zusammen. Grundsätzlich steht jede für sich da. Beim „Gesamtkunstwerk“ Maske aber geht es nicht um eine Addition, sondern um ein Verschmelzen der verschiedenen Künste zu etwas Neuem. Dabei sollte das Eine ohne das Andere nicht existieren können.
Inwieweit du dich in den verschiedenen Kunstarten qualifizierst, hängt von deinem jeweiligen Interesse ab. Auch bei anfänglichen Schwierigkeiten versuche, jedes Gebiet für dich zu entdecken und zu meistern. So ist für einige das Thema Musik ein Buch mit sieben Siegeln, an das sie sich nicht herantrauen. Dabei gehören Masken und Musik eng zusammen und schaffen im Zusammenspiel ganz eigene Dimensionen.
Vertiefendes zum Thema Musik und Instrumentenbau entnimm der Literaturliste am Ende des Buches. Auch wenn Bewegung und Klang zusammengehören, so paßt doch nicht jede Musik zum Spielen, Tanzen und Bewegen von Masken; man sollte sie gezielt und behutsam verwenden.
Neben der Stimme bieten sich einfache Rhythmus- und Melodieinstrumente an. Auch mit einfachsten Materialien (Steinen, Hölzern, Flaschen usw.) lassen sich Klänge erzeugen. Den Anspruch an die eigene Musik sollte man an seinen Fähigkeiten orientieren und sich nicht durch zu hohe Ansprüche gleich entmutigen lassen.
Auf der Suche nach einfachen Instrumenten begegnet man häufig denen, die noch heute von Naturvölkern benutzt werden.
Den Umgang mit ihnen muß man behutsam erlernen. Gewachsene Musiktraditionen sollte man auf keinen Fall schlecht imitieren.
Ebenso wie die Form und Bewegung der Maske im schöpferischen Prozeß erarbeitet wird, ist dies auch bei der musikalischen Gestaltung der Fall. Ausgehend von dem Grundprinzip der Musikinstrumente (wie sie beispielsweise in dem Lexikon „*Musikinstrumente der Welt*“ beschrieben sind), kann man mit unterschiedlichen Materialien eigene Instru-

mente bauen. Zusätzliche Anregungen findet man in der experimentellen Musik von Maurizio Kagel, um nur ein Beispiel zu nennen.
Bei aller Faszination, die verschiedene Instrumente ausüben können, sollte am wichtigsten sein, daß Instrument und Maske zusammenpassen. Traut man sich nicht zu, ein Instrument zu spielen, kann man natürlich mit Musikern zusammenarbeiten. Ein gutes Zusammenspiel ist allerdings nicht ganz einfach. Die Musik muß – ähnlich wie Filmmusik – die Aktion in angemessener Weise ergänzen. Ist die Musik zu stark, spielt sie die Maske an die Wand; ihre Eigendynamik verhindert ein Zusammenspiel. Durch längeres Probieren läßt sich eine Balance finden, die für das Spiel mit Masken eine große Bereicherung ist.
Ähnliche Probleme stellen sich bei der Verwendung von Musikaufnahmen von Platten, Kassetten oder Bändern. Deshalb ist davon eher abzuraten.
Neben der Tatsache, daß Live-Musik immer lebendiger und der Situation angemessener sein kann, hat eine Musikaufnahme fast immer zuviel Dominanz; das gezielte Einsetzen erfordert langes Suchen und viel Geschick.
Häufig versucht eine Musikgruppe von Anfängern fehlendes Können durch Lautstärke zu ersetzen. Auch bei szenischen Darstellungen kann man oft einen ähnlichen Effekt beobachten. Der Ungeübte überzieht das ganze Spiel mit einer heftigen „Musiksauce“, um so über die Schwächen hinwegzutäuschen.
Bevor man Musik ins Spiel mit Masken einbezieht, ist zu fragen, ob man nicht genausogut ohne sie auskommt. Kommt es dagegen zu einer gelungenen Integration von Musik und Maskenspiel, ist das eine großartige Sache.

Die Masken kommen zusammen

Der dritte Teil der Reise

„Die Situation des Menschen zwischen einem individuellen Sein und einem weiteren, alle Gestalten annehmenden, proteusartigen Sein wird in der Maske sichtbar. Daher die schöpferische miterlebende Ekstase, die die Maske hervorruft und verbreitet.
Sie ist ein wahres Zaubergerät, das dem Menschen in jedem Augenblick ermöglicht, eben jene Situation inne zu werden und den Weg in eine weitere, geistigere Welt zu finden, ohne die Welt eines naturhaften Daseins zu verlassen."
Karl Kerenyi

Die Masken kommen zusammen.
So wie man sich auch mit Reisegefährten unterwegs trifft oder auch ein Stück des Weges gemeinsam zurücklegen kann, so sind gemeinsame Entdeckungen und Verwandlungen im Zusammenspiel mit anderen Masken möglich. Davon handelt dieser Teil der Reise, er unterteilt sich in verschiedene Spielvorschläge.

Orte im Spiel entdecken

Zunächst muß gemeinsam geklärt werden, wo die Masken zusammenkommen sollen. Der Raum muß ausreichend groß, von allem Störenden befreit und deutlich markiert sein. Innerhalb der Grenzen dürfen nur die Maskenwesen umherziehen. Man kann sich auch eine spezielle Raumgestaltung ausdenken:
- eine Kreislinie aus farbigem Sand oder Kreise.
- eine Rauminstallation mit Bambusstangen
- Begrenzungen mit einem dicken Tau usw.

Auch darauf muß geachtet werden: keine Störung während des Spiels. Geht man hinaus, braucht man Begleiter ohne Masken, um mögliche Zuschauer auf Distanz zu halten. Spezielle Orte sind

– ein Kreuzweg,
– eine Waldlichtung,
– ein (toter) Baum,
– eine Kiesgrube,
– ein kleiner Hügel,
– ein Platz zwischen Ruinen.
– eine Senke,
– ein Schrottplatz,
– ein verlassenes Fabrikgelände;

es eignen sich viele Orte.

Wichtig ist, die Begrenzungen gemeinsam zu bestimmen, damit es auch tatsächlich zu einem Zusammentreffen der Masken kommt.
Ist der ORT gemeinsam bestimmt und vorbereitet, verwandelt sich jeder am Rand in seine Maske. Langsam erwachend erkundet jeder zunächst den ORT, ohne dabei anderen zu begegnen. Am besten stellt man sich vor: Die anderen sind unsichtbar. Lerne den ORT möglichst genau kennen, um darin einen Platz zu finden, an dem sich das Maskenwesen am wohlsten fühlt. Dort hockst du dich hin und wartest ab. Hat schließlich jede Maske ihren Ort gefunden, beginnt das Zusammentreffen; jetzt sind die Maskenwesen nicht mehr unsichtbar! Wie auf ein geheimes Zeichen ereignet sich ein Zusammentreffen; schaut, was alles passiert! Wartet ab und handelt gezielt im Zusammenspiel. Es ist nicht notwendig, daß alle Masken gleichzeitig agieren.
Entdeckt die Kunst des Wartens und der Pausen. Auf gleichzeitiges Handeln aller kann kaum jemand angemessen reagieren. Mit der Zeit entwickelt man ein Gefühl für gemeinsames Tun. Im spontanen Spiel entwickelt sich die erste Zusammenkunft der Masken, die nach einer gewissen Zeit zu ende geht.
Man spürt das deutlich an der nachlassenden Spannung. Daraufhin zieht sich jede Maske an ihren Ort zurück, bleibt noch eine Weile für sich allein, um schließlich, ohne die anderen wahrzunehmen, an den Rand des Ortes zu ziehen und sich zu demaskieren.
Seid ihr mehr als fünf Maskenspieler, teilt euch in zwei oder mehrere Gruppen von mindestens drei Masken ein und spielt nacheinander. Nach dem letzten Durchgang läßt man sich von den Zuschauenden berichten, was sie gesehen haben.

Begegnungen

Nachdem es anfangs vermutlich zu mehr oder weniger flüchtigen Zusammentreffen gekommen ist, sollen nun intensive Begegnungen zwischen zwei Masken stattfinden.

Von verschiedenen Seiten aus werden die beiden Masken aufeinander zukommen und eine Begegnung improvisieren. Was auch immer den Maskenwesen in den Sinn kommt, findet spontanen Ausdruck. Deshalb ist es nicht sinnvoll, vorweg Absprachen zu treffen.
Will man gewohntes Verhalten überwinden und damit den phantastischen Möglichkeiten der Masken Raum geben, kann man nur aus der Situation heraus eine Begegnung sich entwickeln lassen.
Am Ende ist jedes Maskenwesen auf die andere Seite hinübergewechselt. Zwischen den verschiedenden Masken spielen sich unterschiedliche Begegnungen ab.

Szenische Sequenzen

Von intensiven Begegnungen zu ersten szenischen Sequenzen ist es nur ein kleiner Schritt. Zu einer dramatischen Grundidee, wie „Veränderung durch ein Ereignis“, entwickelt man zu dritt eine Szene, indem man zunächst improvisiert, anschließend gemeinsam überlegt, um erneut zu probieren. Was kann alles durch welches Ereignis verändert werden? Auch hier gilt die grundsätzliche Überlegung: Mit diesen Masken sollte man kein menschenähnliches Verhalten imitieren! Will man seiner Maske tatsächlich gerecht werden, muß man die Karikatur des Alltags überwinden.

Die ersten Szenen spielt man sich anschließend vor, und hinterher befragt man wiederum die Zuschauenden nach dem, was sie gesehen haben. Es wäre eine Fehler, durch anschließende Erklärungen oder Rechtfertigungen unklare Szenen verständlicher zu machen.
Gesehenes mitzuteilen ist eine Art lebendiger Spiegelung, die helfen kann, sich selbst mit seiner Maske immer weiter kennenzulernen. Was haben die Maske und das Zusammenspiel noch anderes gezeigt, als man selbst vermutet hat?

Zusammenspiel von Masken und Klängen

Mit der Stimme oder einem einfachen Instrument kann ein Begleiter mit einem Maskenwesen zusammenspielen. Zunächst erwacht die Maske und beginnt sich zu bewegen. Der Begleiter übersetzt diese Bewegungen in Klänge. Je intensiver sich das Zusammenspiel entwickelt, desto mehr werden Masken und Klänge zu einer Einheit.

Szenische Spiele mit Gegenständen

Genauso wie ein Maskenwesen allein mit einem Gegenstand spielt, kann dies auch zusammen mit mehreren Masken geschehen. Suche die Eigendynamik des jeweiligen Gegenstandes zu entdecken, um ihm gerecht zu werden.
Es eignet sich nicht jedes Hilfsmittel. Zwischen den Maskenwesen und einem Ding sollte eine Bezugsebene sein. Geht man davon aus, daß Masken für uns Menschen symbolische Erscheinungsformen sind, dann eignen sich symbolhafte Gegenstände am besten. Damit meine ich, daß dieses Ding einerseits für sich selbst steht und zugleich anderes versinnbildlicht.
- Steine
- Stäbe
- Taue
- Federn

- Wurzeln
- Tücher
- Netze
- Muscheln

sind nur einige Beispiele hierfür.

Beim Spiel verschiedener Masken mit ein und demselben Gegenstand zeigen sich unterschiedliche Möglichkeiten, die aber alle etwas gemeinsam haben. Dies sollte man anschließend herausfinden.

Auch wenn man mit einem Stein sehr verschieden spielen kann, wird man trotzdem versuchen, das Spezifische des Steines deutlich werden zu lassen. Hier einige Beispiele:

- Ein riesiges Tuch liegt ausgebreitet auf dem Boden. Die Maskenwesen kommen nacheinander und hocken sich darauf. Schließlich werden sie von dem Tuch umhüllt und zugedeckt. Zu einer einfachen und ruhigen Musik versuchen sich alle aus der Umhüllung zu befreien.
- Zwei oder drei Steine werden vorher ausgewählt und ihre Charaktere gemeinsam herausgefunden. Welches Maskenwesen einen dieser Steine bekommt, muß sich der Eigenart entsprechend verwandeln. Beispielsweise rund, spitzig, glänzend oder wie elektrisiert, übervoll von Energie und Spannung.
- Und mit der magischen Wurzel ereignete sich folgendes:

Die Zeit des Drachens

Auf einer Waldlichtung, umstanden von Birken, einer großen Rotbuche und mehreren alten Eichen erschallt ein Muschelhorn, das von mehrstimmigen Rufen beantwortet wird: „URUÉO - URUÉO“.

Nacheinander kommen verschiedene Maskenwesen auf die Lichtung, ängstlich umherschauend. Der rote Spiegelvogel, das flatternde Irrlicht, der borkige Baumhüter, der rasselnde Spiralvogel, die Wipfelkatze und schließlich, in weiten Drehungen, der Herr der Farben.

Voll ängstlicher Erwartung, als liege etwas in der Luft, warten die Maskenwesen am Rande der Lichtung, sich unruhig hin und her bewegend.

Da, ein wildes Lärmen, ein näherkommendes Brüllen und Schnauben: der mehrköpfige Drachen taucht auf, jagt um den Platz, tobt und lärmt.

Wie magisch werden die Maskenwesen von dem Ungetüm angezogen; einen kleinen Abstand haltend wagen sich alle in die Nähe des Drachens. Dieser hält plötzlich inne, wirft einen Wurzelstrunk in die Mitte der Lichtung, um daraufhin mit einem tiefen Brüllen davon zu jagen.
Lähmende Stille - niemand rührt sich, als plötzlich, wie auf ein geheimes Zeichen, alle Maskenwesen zaghaft ihr „URUÉO" zu rufen beginnen.
„URUÉO - URUÉO" und der Bann ist gebrochen. Neugierig und ängstlich zugleich gehen sie auf die Wurzel zu und beäugen sie von allen Seiten.
Da springt die Wipfelkatze auf die Wurzel zu, reißt sie an sich und, wie von einem inneren Zittern gepackt, tobt sie dem Drachen gleich und doch Wipfelkatze geblieben.
Entsetzt jagen die Maskenwesen umher, vor der tobenden Wurzelträgerin fliehend und doch ihrem dämonischen Tanz hilflos folgend.
Der Herr der Farben steht plötzlich in ihrem Weg; sie berühren sich und auf unerklärliche Weise wechselt die dämonische Wurzel ihren Träger.
Während die Wipfelkatze völlig erschöpft zu Boden sinkt, beginnt der Herr der Farben sich mehr und mehr zu drehen; aus den majestätischen Zuckungen - immer schneller, immer wilder. Ein tiefer Schrei quillt aus seinem Munde, doch der Tanz kennt keine Unterbrechung.
Dann hat der rote Spiegelvogel die Wurzel und verwandelt sich zunehmend in einen Spiegelvogeldrachen.
So wechselt die Drachenwurzel mehrfach ihren Träger. Ein schier endloser Tanz geht über die Lichtung - bis schließlich der Drachen wieder auftaucht, die Wurzel nimmt und im Dickicht damit verschwindet.
„URUÉO - URUÉO" ein letztes Mal erklingt der Ruf der Maskenwesen, die sich langsam zurückziehen.

Dieses Maskenspiel fand im Mai 1981 in der Karlsaue der Stadt Kassel statt und war ein Teil eines sechswöchigen Projektes "Zur Mythologie der Lebensbäume", vom ATELIER ZU DEN VIER WINDEN gestaltet und gespielt.

Von Szenen zu Bildern

Das Zusammenspiel von Masken lebt durch ihre starke Bildhaftigkeit, zumal menschliche Sprache keine Rolle spielt.
Aus diesem Grunde entspricht es dem Spiel mit Masken, Szenen zu Standbildern zu verdichten. Wie auf einem Foto nehmen alle Maskenwesen eine bestimmte Position ein und verharren. Man nennt dies auch Einfrieren.

Zunächst arbeitet jeder Spieler eine Bildidee aus und skizziert sie auf ein Blatt. In das Bild sollten alle Masken einbezogen sein. Anhand der Skizze erklärt man den anderen die Idee und gestaltet sie als Maske aus. Sie kann der Beginn für eine szenische Improvisation sein; vielleicht aber auch das Ende.
Aus diesem Zusammenspiel ergeben sich neue, starke Momente, die anschließend von den Zuschauern bzw. den Spielern bestimmt werden.
Daraus lassen sich ganze Bildketten entwickeln, die man schließlich nochmals von Station zu Station durchspielt.

Um den Rhythmus zwischen den Bildern und den bewegten Momenten gemeinsam zu finden, kann der Ton einer Trommel, eines Gongs oder sonst eines Instruments helfen (vielleicht von einem Außenstehenden gespielt?).
Wirkt ein Bild besonders stark, kann man es mehrmals gestalten. Die Zwischenspiele sind jeweils anders, doch wie durch ein geheimes Zeichen enden sie immer wieder mit dem gleichen Bild.
Bilder haben eine andere Logik als Szenen: der Betrachter ergänzt sie mit seiner Phantasie und läßt seine eigene Geschichten dazu entstehen.

Regeln für improvisiertes Zusammenspiel

Im Laufe der Zeit haben sich in der Arbeit mit Masken einige Regeln für das improvisierte Zusammenspiel entwickelt. Durch solche gemeinsamen Absprachen wird das Zusammenspiel intensiviert und bekommt eine Richtung.

- Verbindliches Festlegen deutlicher Zeichen (z.B. der Schlag auf einen Gong) für den Anfang und das Ende des Spiele. Innerhalb dieses Zeitrahmens darf kein Mitspieler „aussteigen".
- Zu Beginn hocken alle Mitspieler am Rande des Spielfelds. Entweder wartet man, bis ein Maskenwesen von sich aus beginnt, oder es wird durch vorherige Absprache (beispielweise per Los) jemand bestimmt. Den spielenden Masken können sich immer mehr hinzugesellen – bis auf einen Mitspieler. Es sollte immer einen Zuschauer geben, der die Außensicht gewährleistet, die für den anschließenden Austausch sehr wichtig ist. Die Rolle des Zuschauenden sollte während des Spiels häufig gewechselt werden.
- Spielende Masken, die „Handlungsangebote" machen, laden andere Masken zum Mitspielen ein. Solche Vorgaben sollten zunächst aufgenommen werden, um sie in der Wiederholung genauer kennenzulernen. Anschließend kann man sie verändern. Durch Wiederholungen, Veränderungen und Gegenaktionen entwickelt sich das Zusammenspiel.
- Je mehr Maskenwesen spielen, desto größer muß die Anstrengung sein, alle im Blick zu behalten. Dadurch entwickelt man ein Gefühl für das gesamte Geschehen, dem das eigene Handeln angepaßt wird. Improvisiertes Spiel entwickelt einen einheitlichen Rhythmus. Steigen alle darauf ein, entsteht eine einzigartige Gemeinsamkeit, die mehr ist als die Addition verschiedener Handlungen.

– Pausen spielen dabei eine wichtige Rolle. Für die Entwicklung von Spannungsbögen sind sie erforderlich, sollten jedenfalls ausgehalten werden und nicht eilfertig überspielt werden. Nur durch ein angemessenes Verhältnis von Aktionen und Pausen kann sich die Eigendynamik eines improvisierten Spiels entwickeln.

Das zeremonielle Spiel der Maske

"Die Maske verträgt nicht die Konkretheit einer realen Gebärde. Die Maske ist rituell."
Giorgio Strehler

Neben einen speziellen Tanz gehört zu einer Maske auch ein zeremonielles Spiel. Mit der Ausentwicklung nähert man sich wieder ein gutes Stück dem Geheimnis der Maske. Im zeremoniellen Spiel findet es seinen symbolischen Ausdruck.

Von einem theatralischen Spiel unterscheidet es sich darin, daß es zunächst nur für den Beteiligten selbst Sinn und Zusammenhang hat; für Außenstehende bleibt es fremd und kaum nachvollziehbar. Eine Zeremonie hat keine Zuschauer, sondern nur Beteiligte.

Die Bedeutung symbolischer Handlung kann nur derjenige erklären, der den dazugehörigen Hintergrund kennt. Einem Außenstehenden lassen sich nur bruchstückhaft die Entdeckungen und Verwandlungen, die du mit deiner Maske durchlebt hast, vermitteln.

Spürbar ist allerdings die Ernsthaftigkeit und Tiefe, die du zu deiner Maske entwickelt hast.

Ein zeremonielles Spiel wirkt auf einen Zuschauenden wie wenn er ein Traumbild betrachtet, dessen Deutung er sich selbst geben muß.

Zu einem zeremoniellen Spiel gehören neben symbolischem Handeln Klänge, Tanz und wiederkehrende Bewegungen. Betrachtet man zeremonielle Verläufe verschiedener Kulturen und Traditionen, kann man gewisse Gemeinsamkeiten erkennen:

- Es gibt einen Anlaß.
- Der Raum wird vorbereitet und damit begrenzt.
- Es ist allen Beteiligten deutlich, wer welche Aufgaben zu erfüllen hat.
- Falls erforderlich, werden Hilfsmittel vorbereitet.
- Rhythmus und Klänge führen zusammen und unterteilen die Zeit.
- Die gemeinsame Vorbereitung, Hinführung und Konzentration läßt einen Spannungsbogen entstehen.
- Der Höhepunkt führt zu einer Wandlung, die gemeinsam für alle Beteiligten zur Lösung der Konzentration und damit zum Endes des Spannungsbogens führt.

Sicher lassen sich diese Gemeinsamkeiten anders benennen, und sicher gibt es besondere Eigentümlichkeiten und Abweichungen, doch scheinen diese genannten Gemeinsamkeiten in den unterschiedlichsten zeremoniellen Verläufen erkennbar zu sein.

Bei der Entwicklung des zeremoniellen Spiels seiner Maske kann man sich daran orientieren. Der wichtigste Punkt scheint mir das Wandlungsprinzip zu sein. Zunächst zeichnet sich eine zwangsläufige Entwicklung ab, die zu einem Höhepunkt führt, auf dem etwas Außerordentliches passiert. Es ist etwas, womit zunächst keiner gerechnet und worauf doch jeder gehofft hat. So ein Wandlungsprinzip findet man ebenso in theatralisch - dramatischen Handlungen. Die verblüffende Wende der scheinbar unausweichlichen Entwicklung, die Pointe, durch die sich eine Verstrickung löst - sie macht den Reiz eines Handlungsverlaufes aus.

Die Kunst, dieses feinfühlig und stimmig zu entwickeln, kann man bei den großen Dramatikern und bei den Zeremonien der Naturvölker studieren.

Trotz oder gerade wegen dieser großen Orientierungspunkte braucht man sich nicht entmutigen lassen, die eigene Idee der Wandlung für sein Spiel zu suchen. Das eigene schöpferische Tun steht immer in Bezug zu anderen Arbeiten, von denen man lernen kann.

In Absprache mit einem Vertrauten kann man das eigene zeremonielle Spiel entwickeln und umgekehrt den Vertrauten bei seiner Ausarbeitung beraten. Bis auf den obligatorischen Zuschauer können alle anderen Masken ins Spiel einbezogen werden. Auch hier ist die später berichtete Außensicht wichtig und hilfreich.

Um zu einer Idee zu kommen, zieht man sich am besten zurück und befragt seine Maske. Ruhe und Zeit sind dafür erforderlich. Tauchen bei diesem inneren Dialog mit der Maske mehrere Ideen auf, wählt man die stärkste aus bzw. bespricht sich mit seinem Vertrauten. Auf der Suche nach eigenen Ideen für das zeremonielle Spiel schleichen sich leicht bekannte Handlungsverläufe ein, Szenen und Bilder, die man irgendwo schon mal gesehen hat.

Bekannte Ideen zu erkennen und zu überwinden ist nicht einfach, aber notwendig, will man sich dem Geheimnis seiner Maske nähern.

Lieber etwas Unscheinbares aber Stimmiges als etwas Spektakuläres, das in einen anderen Zusammenhang gehört.

Ist die Idee gefunden, kann man sie anhand der zeremoniellen Gemeinsamkeiten ausarbeiten und anschließend mit seinem Vertrauten besprechen.
Danach probiert man mit seiner Maske (soweit dieses möglich ist), um zu sehen, wie weit die Idee stimmt bzw. was aus dem Handeln heraus verändert oder weggelassen werden muß. Schließlich legt man den endgültigen Verlauf fest und skizziert ihn dazu als „Partitur“ auf ein großes Blatt. Kurz bevor man gemeinsam spielt, wird allen Beteiligten die „Partitur“, d.h. der gemeinsame Handlungsverlauf, erklärt.

Solch zeremonielles Spiel kann man sich entweder untereinander zeigen oder ein kleines, interessiertes Publikum dazubitten.
Da zeremonielle Maskenspiele Ausdruck individueller Mythologie sind, ist es wichtig, dies vorher dem Publikum zu erklären.
Mit einem gemeinsamen Tanz der Masken lassen sich mehrere zeremonielle Spiele verbinden. Gemeinsam wird er aus einfachen und gut wiederholbaren Bewegungsfolgen entwickelt, die in einem immer gleichen Rhythmus aneinandergereiht werden. Erklingt dieser Rhythmus, kommen alle Maskenwesen zu einem Tanz zusammen, um in dieser Gemeinsamkeit Klang und Bewegung zu verbinden.
An seiner Maskenzeremonie lohnt es sich immer weiter zu arbeiten. Nach jedem Spiel weiß man mehr, kann Dinge verändern und wieder weiterentwickeln. Das Gespräch mit den Zuschauenden ist dafür sehr hilfreich. Ein Beispiel:

Ein Stein - Spiel
Unsere Masken waren in Carnac inmitten der Menhire und Dolmen entstanden. Jeder von uns hatte „seinen" Stein gewählt und die Maske (zunächst in Ton) geformt.
Die Tonformen drückten den „Geist des Steins" aus, ließen den Stein sprechen und neue Gestalt annehmen.
Wir ließen die Masken, die aus diesen Urbildern entstanden waren, zu uns sprechen. Die Maske leitete uns bei ihrer Namensgebung, sie erhielt eine Stimme und eine charakteristische Bewegung. Jeder schrieb ein Gedicht über seine Maske. Durch diese sehr intensive Auseinandersetzung (auch über Gefühle von Abwehr und Annehmen der Maske) klärte sich für jeden von uns die innere Vorstellung über den Charakter der Figur.
Vier Gruppen erarbeiteten dann verschiedene zeremonielle Spiele, die älteste Form szenischer Darstellung. Ein Leitgedanke war dabei, daß unsere Figuren Dämonen waren und wir uns daher freimachen mußten von menschlichen Assoziationen. Der vorgegebene Handlungsrahmen war:
Es tritt ein Ereignis ein, das Einfluß auf die Figuren hat, sie aber in ihrem Charakter nicht verändert.

Unsere Spielgruppe (Personen) bestand aus folgenden Figuren:
"ßank - ßentoniak" war eine große Maske mit riesigen, geöffneten Augen und einem weit geöffneten Mund, die die Assoziation einer Rufenden nahelegte. Das Wort, das sie rief war ein langgezogenes *„Saaoiihh"*.
Die zweite Maske "Anachul" hatte einen verzerrten Ausdruck, von Kanten durchzogene Gesichtsflächen, die die Augen kaum erkennen ließen. Ihre Stimme war ein von Angst erfülltes *„Uuuhh"*.
Meine eigene Figur war „Livendhar". Das Charakteristische der Maske bestand in der Länge der Gesichtsfläche, der überhöhten Stirn und einer langen Nase; die Augen waren geschlossen oder nach innen schauend. Die Figur, jetzt selbst nicht mehr unter den Lebenden, stellte das Wissen um Leben und Tod dar; das Leben ist unendlich, der Tod hat keine Grenze. Ihr gesungenes Wort *„Shoganah"* drückte Ruhe und Frieden aus.
Am Anfang stand für uns der Gedanke des Steines. Stein, aus dem unsere Masken entstanden waren, d.h. lebendig gewordener Stein und die Rückführung zu Stein. Daraus ergab sich die Rohform einer Handlung:
Ein Mensch stirbt, Dämonen begleiten seine Seele, bis sie von einem Stein aufgenommen wird und dort in anderer Daseinsform weiterlebt. Bei der ausführlichen Erarbeitung und Erprobung waren die wichtigsten Fragen für uns: "Was bedeutet diese Kontaktaufnahme zur Seele des Toten für jede einzelne Figur; was hat sie dabei zu tun?"
Daraus entstand das zeremonielle Spiel:
„Begleitung einer Seele auf ihrer Wanderung", das in der Kapelle von Messac gespielt wurde."
Ein blaues Tuch auf dem Boden symbolisiert den Toten, eine brennende Kerze die Seele. Die Figuren stehen in drei verschiedenen Ecken des Raumes.
„Livendar" geht auf den Sterbenden zu und nimmt Kontakt mit seiner Seele auf; ganz leicht, ganz sanft. Das gleiche tun „ßank -ßentoniak" und „Anachul", der die Seele des Toten nimmt und sie als erster ein Stück weit begleitet, während die anderen dabeistehen. „Anachul" nimmt dabei die Angst der Seele in sich auf, schreit sie heraus; seine Bewegungen unterstreichen seine Stimme. Er wird kleiner - die Seele kann höher steigen.
„ßank-ßentoniak" empfängt die Seele; sie ruft und ruft und gibt mit ihrer Stimme der Seele Raum.
Dann nimmt „Livendhar", als Begleiter der Stille, der Frieden verspricht, die

Seele und singt dabei ruhig und getragen. Er bewegt sich langsam zu einem Stein, der in seiner länglichen Form ein wenig der Maske gleicht, und umfährt mit den Händen kurz die Konturen der neuen Seelenbehausung. Dann stellt er sich hinter den Stein. „ßaank-ßentoniak“ und „Anachul“ stehen vorn zu beiden Seiten des Steins.
Nun folgen Wechselrufe und -gesänge jedes Dämons in seiner eigenen Stimme - von „Livendhar“ geführt.
Dieser geht ganz langsam nach unten und entzündet mit der Kerze eine hinter dem Stein stehende Fackel. Die Seele ist in den Stein als andere Daseinsform eingekehrt.
Dies zeremonielle Spiel ließ mich ganz deutlich spüren, wie ich zum Ursprung meiner Maske geführt wurde. Die Steine von Carnac waren mir lebendig erschienen; ich hatte ihre Stimme gehört – laute Stimmen in der Stille der Steinreihen.
Dort war „Livendhar“ entstanden, ihr Werden war ein Kampf zwischen Leben und Tod und der Versöhnung von beiden.
In unserem Spiel wird die Seele des Toten über Gefahren hinweggeleitet und findet ihre neue Behausung in einem Stein, in dem sich damit neues Leben entzündet.
Der Kreis schließt sich, und die Kette geht weiter (wieder können neue Figuren entstehen): das Leben ist unvergänglich.

Messac in der Bretagne
Sommer 1981
Dorothea Haupt

Gemeinsame Handlungsverläufe

Mit mehreren Maskenspielern kann man gemeinsam einen Handlungsverlauf für ein Spiel entwickeln. Für ein gemeinsames Spiel kann ein Impuls (eine starke Idee, ein Material, ein Ereignis usw.) hilfreich sein. Parallel entwickeln mehrere kleine Gruppen Ideen und Möglichkeiten, die man ausprobiert und schließlich zu einem gemeinsamen Verlauf zusammenfügt.

Ein Beispiel:

Vom Nomadenvolk der blauen Hufnasigen
Das sommerliche Gewitter war gerade vorbeigezogen, der Innenhof der Fortezza Medicea in Cortona dampfte und gab dieser Nacht eine unwirkliche Stimmung.
Um einige Feuer hockten jeweils drei hufnasige Maskenwesen, versunken in geheime Steinhandlungen. Der Innenhof war voll mit langtönigen Gesängen. Langsam wurde es heller. Man sah, wie der Kundschafter dieses Nomaden-

volkes mit einigen Rufen das Zentrum des Platzes zum Ort des Zusammenkommens erklärte. Die Feuer verlöschten; langsam lösten sich die Gruppen auf und kamen nacheinander in die Mitte des Platzes. Jeder trat mit einem eigenen Ruf in Erscheinung, als plötzlich im hinteren Teil des Hofes ein roter Teppich sichtbar wurde. Schreiend tobten die Hufnasigen umher, erschreckt und verstört - bis schließlich der Teppich wieder verschwand.
Beunruhigt kamen sie wieder zusammen. Den blauen Wesen schien ROT offensichtlich fremd und bedrohlich.
Da tauchte der Teppich erneut auf. Die ersten Hufnasigen wagten sich näher heran , andere zögerten, während der Rest schreiend auseinanderlief. Schließlich verließ die Neugierigen der Mut und auch sie tobten erschreckt von hinnen - bis der Teppich wieder verschwand.
Sehr langsam kamen die blauen Hufnasigen wieder zusammen, um sich eng beieinander zu versammeln - ratlos und ängstlich ob dieser roten Konfrontation.
Der magische Teppich tauchte erneut auf und spaltete diesmal das Volk der Hufnasigen in zwei Lager. Ein Teil schien seine Angst überwunden zu haben und näherte sich interessiert dem roten Teppich, während der Rest warnend die Mutigen zurückhalten wollte.
Das Dafür und Dagegen wurde heftiger, die rufende Laute engagierter, das Geschrei immer lauter, als plötzlich ein klagender, mahnender Ruf erschallte. Ein einzelner Hufnasiger hatte sich abseits gehockt, sein weißen Steine gelegt und sich von dem Getümmel nicht beirren lassen. Durch diesen langezogenen Ruf verstummte das Geschrei.
Die Hufnasigen wandten sich von dem roten Teppich ab und schauten zu dem Rufer.
In der betretenen Stille klagten vereinzelnt verlegene Steinlaute. Nach und nach klopften alle Hufnasigen mit ihren klingenden Steinen, jeder seinen Ruf, bis schließlich ein gemeinsamer Rhythmus daraus wurde. Und der wiederum wurde zum Tanz, der die Hufnasigen in einer Reihe über den Platz bewegte.
Klopfend und stampfend kamen sie immer näher um plötzlich den gemeinsamen Rhythmus und damit den Tanz aufzulösen.
Aus dem langsam dunkler werdenden Innenhof der Fortezza Medicea sah man das Nomadenvolk der blauen Hufnasigen langsam davonziehen.

Maskenwerkstatt in Cortona/Toscana, August 1983

Die Möglichkeiten der Maskenwesen sind unbegrenzt. Im Probieren und Betrachten lassen sich die verschiedensten Wege einschlagen.
Vielleicht tauscht ihr gegenseitig eure Masken. Das ist zunächst nicht ganz leicht, denn ein fremdes Maskenwesen auszufüllen braucht das behutsame Beibringen durch den Maskenerbauer. Die Mühe lohnt sich aber, denn plötzlich hat man sein eigenes Maskenwesen vor sich und erlebt, wie es eigenständig lebt. Dieser Schritt kann sehr stark sein, wenn der neue Maskenspieler tatsächlich in die vorgegebene Figur hineinsteigt und sie nicht eigenwillig uminterpretiert.
Durch so einen Maskenwechsel werden noch ganz andere Dimensionen des Spiels sichtbar. Vielleicht endeckst du aber noch ganz Anderes was und wie man mit mehreren Masken spielen kann.
Durch Probieren seinen eigenen Weg zu finden ist sicher etwas sehr Schönes.

Abschied von der Maske

Ausblick

"When to meet again?
All the life, till the last mask!"
Didier Bayle

In der Entdeckungs- und Verwandlungsreise mit deiner Maske bist du ein gutes Stück in die unbekannte Wildnis vorgedrungen und an einem Punkt angelangt, von dem aus verschiedene Ausblicke möglich sind.
Du bist vom ORT des GESCHEHENS aufgebrochen, hast deine Maske aufgespürt und sichtbar gemacht. Du hast sie innerlich besucht, ihr Zuhause und ihren Namen erfahren und dich anschließend mit deiner Art der Verwandlung in die Maske hineingegeben und sie durch Bewegungen und Laute in Erscheinung gebracht.
Dieser Teil der Reise endete mit dem Tanz der Maske.
Schließlich kam das Zusammenspiel mit anderen Masken in Begegnungen, Bildern und szenischen Improvisationen. Im zeremoniellen Spiel deiner Maske ließ sie dich vielleicht etwas von ihrem Geheimnis ahnen. Aber ganz offenbaren wird sie es nie: ein Teil ihres Geheimnisses wird dir auch weiterhin verborgen bleiben. Als Mensch kann man Masken nie ganz verstehen. Bis hier ist die Reise gegangen und damit der Zeitpunkt für einen Ausblick gekommen.
Wohin könnte es weiter gehen?
Welches Ziel könnte man anstreben?
Ist jetzt eine Pause vonnöten oder vielleicht der Endpunkt der Reise erreicht?

Reizt es dich, an deiner Maske weiteres zu entdecken, dann wirst du dir neue Reiseziele stecken.
Hast Du allerdings das deutliche Gefühl, die Reise deiner Maske ist am Ende, dann schließe den Kreis und verbrenne sie!

Der Abschied

Bevor deine Maske irgendwo liegt und verstaubt oder von fremdem Spielern unwürdig gespielt wird, bringe sie angemessen zu ihrem Ende.
Sie kam aus der nicht-stofflichen Welt und kehrt dahin wieder zurück, indem du sie verbrennst.
So einen Abschied sollte man würdig gestalten.
Erinnere dich der einzelnen Stationen, die ihr gemeinsam durchlebt, durchlacht und durchlitten habt.
Lausche ihr ein letztes Mal; tanz noch einmal ihren Tanz. Vielleicht verfaßt du einen Text an sie; einen Brief, den du ihr auf die Reise mitgibst oder auch behältst.

Niangaro
"Niangaro" - jetzt ist es bald ein Jahr seit wir in den Gassen getanzt ...
...und du begleitest mich immer noch.
Und eigentlich erst jetzt begreife ich, was du mir damals erfahrbar machtest.
Ja, es ist ein ganz gutes Gefühl, deinen aufrechten Gang zu spüren.
Und auch das Bewußtsein, daß du dem Wort ANGST noch keinen Sinn gegeben hast.
Und immer klarer wird mir dein Handeln.
Etwas tun.
Es ist dabei nicht wichtig was, sondern das...
...und du gingst ganz darin auf."
Text: Beatrice Fischer

In der Geborgenheit eines ruhigen Platzes, den du dir suchen mußt, gib sie zurück - das bist du ihr schuldig.
Nur durch das eindeutige Beenden einer solchen Arbeit schaffst du Raum für Neues; jedes Ende ist der Anfang einer neuen Sache.
Vielleicht sind bereits Ideen und innere Bilder für eine neue Maske aufgetaucht?

Vielleicht interessiert dich ein Thema, ein Motiv oder eine spezielle Figur?
Vielleicht reizt dich die eigentümliche Handlungsidee einer bekannten Geschichte?
Vielleicht willst du dich in der nächsten Zeit überhaupt nicht mehr mit Masken beschäftigen - wer weiß?
Es kann genausogut sein, daß du eine Ahnung vom Zauber der Verwandlungen bekommen hast, der dich weiterhin in seinem Bann hält. Dann wirst du irgendwann an ORTE reisen, an denen Maskentraditionen noch lebendig sind. Vom Erlebnis vollkommener Verwandlungen läßt sich kaum sprechen, geschweige denn schreiben. Teilhaben kann man daran nur in direkten Begnungen, wenn beispielsweise der "deer dancer" bei den Yaqui-Indianern in der Osternacht sich immer wieder in einen Hirsch verwandelt, der seinen Tanz zeigt und damit von mythischer Zeit kündet.
Oder wenn in einer brasilischen Favela am Rande von Bahia beim Candomblée ein Tänzer zu OMULU wird und als dieser mit dir spricht.
Auch schon im Zauber der Luzerner Fastnacht kann man eine Ahnung bekommen, wie der menschliche Wunsch nach elemtaren Verwandlungen Ausdruck und Gestaltung sucht.
Solche Eindrücke haben Markierungen für meine Arbeit mit Masken gesetzt.
Leider läßt sich dies bei Maskentheatergruppen kaum erleben.
Trotzdem lohnt es sich, solche Theatergruppen anzuschauen. Sie versuchen, unsere kulturellen Traditionen mit denen der Masken zu verbinden. Dies gelingt nicht immer.
Lenkt man allerdings den Blick auf andere Maskentraditionen, kann man von der Ernsthaftigkeit und Kraft dieser Menschen lernen und versuchen, sie auf die eigene Arbeit zu übertragen.
Anstatt fremde Maskentraditionen zu imitieren, kann man sich durch deren Ehrfurcht, aber auch durch ihre scheinbare Respektlosigkeit zu immer neuen Entdeckungen ermuntert fühlen.

“Ich erinnere mich plötzlich an eine Geschichte, ohne mich im geringsten daran zu erinnern wo sie herkommt. Sie handelt von einem Mann, der schrecklich, qualvoll häßlich ist - so häßlich, daß er damit Menschen erschreckt und ängstigt. Deshalb trägt er eine Maske mit dem Gesicht eines schönen Heiligen; und er bemüht sich sehr, sich an diese Maske anzupassen und der schöne Heilige zu sein. Dann - ich kann mich nicht mehr erinnern, ob es die Frau war, in die er sich verliebt hatte, oder wer es war, aber jemand reißt sie ihm vom Gesicht. Er ist von der Vorstellung niedergeschmettert, daß sich nun seine wirkliche Häßlichkeit zeigt - und dann sagt zu seinem Erstaunen die andere Person: „Aber warum hast du eine Maske getragen, wenn sie genau wie dein eigenes Gesicht ist?“ Er hatte sich in das, was die Maske verkörperte, verwandelt.“

Aus einem Interwiev
mit Peter Brook und
PARABOLA
Veröffentlicht in Puppenspiel Information
Nr. 49 und 50 (1983 I + II)

Anhang

Literaturauswahl zu einzelnen Themenkomplexen:

Masken
Otto Bihalji-Merin: MASKEN DER WELT,
Verzauberung, Verhüllung, Verwandlung
Gütersloh 1970

Andreas Lommel: MASKEN - Gesichter der Menschheit
Zürich 1970

Bread & Puppet: STORIES OF STRUGGLE & FAITH from Central America
Vermont USA - 1985

Ingelore Ebeling: MASKEN und MASKIERUNG -
Kunst, Kult und Kosmetik
Köln 1984

Nicola Rothmann, Marcus Hannes: MASKENSPIEL
Oberbrunn 1984

Hoffmann, Krieger, Nickel (Hrsg.): SYMPOSION MASKE Teil 1-3
Hannover 1986 - Herausgegeben von der Medienzentrale der Ev. luth. Landeskirche Hannovers, Archivstr. 3 - 3000 Hannover 1 (nur dort direkt zu beziehen).

William Rubin: PRIMITIVISMUS in der Kunst
des zwanzigsten Jahrhunderts
München 1984
(Eine aktuelle Literaturliste zum Thema MASKEN ist zu beziehen bei der Versandbuchhaltung PUPPEN & MASKEN - Eppsteiner Str. 22 – 6000 Frankfurt/Main 1)

Reisen
Claude Roy: VOM WAHREN SINN DES REISENS
Lausanne 1964

Steine
Walter Schumann: STEINE und MINERALIEN
München 1973

Lisa Röcke: STEINE - ein literarisches Bilderbuch
München u. Luzern o.J.

Roger Caillois: STEINE
München - Wien 1983

Ton
Angelika Hoffmann: TON - Finden-Formen-Brennen
Köln 1982

Hermann Leber: PLASTISCHES GESTALTEN
Köln 1979

Farben und Farbgestaltung
Johannes Pawlik: PRAXIS DER FARBE - BILDNERISCHE GESTALTUNG,
Köln 1981
Ingried Riedel: FARBEN in Religion, Gesellschaft, Kunst und Psychotherapie,
Stuttgart-Berlin 1983

Kostüme und Gewänder
Tilke: KOSTÜMSCHNITTE und GEWANDFORMEN
Tübingen o.J.
Ausstellungskatalog: KOSTÜMOBJEKTE
Bonner Kunstverein 1983

Bewegungsübungen und - Spiele
Katya Delakova: BEWEGLICHKEIT
München 1984

Katya Delakova: GLIEDERSPIELE - ein Anleitungsheft zum Selberüben
Eschweiler 1986 - nur direkt zu beziehen beim IHP-Schubbendenweg 4 5180 Eschweiler

Musikmachen und Instrumentenbau
Gerlinde Fischer (Hrsg.): MUSIKMACHEN - Materialheft Nr.23
Frankfurt 1978 - nur direkt zu beziehen bei Beratungsstelle f. Gestaltung Eschersheimer Landstr. 565 - 6000 Frankfurt/M.

Alex Eckert: DAS GROSSE INSTRUMENTENBASTELBUCH
Liestal/Schweiz 1979

The Diagramm Group: MUSIKINSTRUMENTE DER WELT
Gütersloh 1979

Werner Küppelholz: MAURIZIO KAGEL von 1970 - 1980
Köln 1981

Tanz

Mary Wigmann: DIE SPRACHE DES TANZES
Stuttgart 1963

Alexandra Pyszkowska: BUTÔ-TANZ
München 1983

Maria-Gabriele Wosien: TANZ im Angesicht der Götter
München 1985

Bildquellennachweis

Radierung (S.36/37) von Helene Janke und Burkhard Scheller
Fotos vom Autor, von Ulrich Herzog, Burkhard Scheller
und Adam Erdberg

Auf folgenden Seiten findest du Materiallisten zu einzelnen Arbeitsgebieten:

Christoph Riemer, Jahrgang 1949, lebt als freier Künstler, Autor und Dozent in Hamburg.

1970 Inspiriert vom Bread and Puppet Theater, USA, beginnt er Masken zu bauen und sie im Spiel zu entdecken. Er sammelt Erfahrungen in zahlreichen freien Theaterproduktionen und entwickelt Maskenprojekte für verschiedenste Gruppierungen: Strafgefangene, Sehgeschädigte, geistig Behinderte, sowie für Lehrer, Pädagogen, kirchliche Mitarbeiter usw.

Seit 1975 Maskenwerkstätten und -kurse im In- und Ausland

Seit 1976 Studienreisen zum Thema Karneval (Schweiz, Italien, Brasilien)
Reise zu den Yaqui-Indianern

1976-1984 „Spiele ohne Sieger", TV-Serie im III. Programm mit über 50 Sendungen

1979 Einzelausstellungen in der Alten Fabrik in Soest/Westf., in Verbindung mit Maskenwerkstätten, Inszenierungen und einem Maskenfest

Seit 1981 „Die Zeit zwischen den Zweigen", zeremonielles Maskensolo
Div. Gastspiele (Gelnhausen, Recklinghausen, Frankfurt, Köln, London)

1984 ÜBERGÄNGE in der Kampnagelfabrik Hamburg: Maskentheater als offener Arbeitsprozeß mit Vertretern anderer Kunstgattungen. Fünf öffentliche Präsentationen der Werkstattergebisse. Gefördert von der Hamburger Kulturbehörde

1985 Gruppenausstellung MASKENWESEN Berlin (HdK) und Hannover (Neustädter Kirche) im Rahmen des Symposions MASKEN KONSTELLATIONEN Masken – Räume – Klänge, Performance zusammen mit Burkhard Scheller (Hannover), gefördert von der Hamburger Kulturbehörde. Aufführungen in Hamburg (Haus f. Kunst und Handwerk) und Ottersberg

1986 Diverse Gastspiele mit KONSTELLATIONEN (u.a. Recklinghausen, Bielefeld, Stuttgart und Marburg) Inzwischen entstanden an die 200 Maskenwesen

Weitere Veröffentlichungen von Christoph Riemer:
„Masken und andere Gesichte"
Moby Dick Verlag, Kiel, 1991